KB273560

소월과 이상, 근대시의 두 얼굴

'굿모닝 굿나잇'은 21세기 지식의 새로운 표준을 제시합니다.
이 시리즈는 (재)3·1문화재단과 김영사가 함께 발간합니다.

소월과 이상, 근대시의 두 얼굴

1판 1쇄 인쇄 2025. 12. 24.
1판 1쇄 발행 2025. 12. 31.

지은이 정재찬

발행인 박강휘
편집 김애리 | 디자인 정윤수 | 마케팅 김새로미 | 홍보 강원모
발행처 김영사
등록 1979년 5월 17일(제406-2003-036호)
주소 경기도 파주시 문발로 197(문발동) 우편번호 10881
전화 마케팅부 031)955-3100, 편집부 031)955-3200 | 팩스 031)955-3111

ISBN 979-11-7332-456-7 04300
      978-89-349-8910-3 (세트)

홈페이지 www.gimmyoung.com   블로그 blog.naver.com/gybook
인스타그램 instagram.com/gimmyoung   이메일 bestbook@gimmyoung.com

좋은 독자가 좋은 책을 만듭니다.
김영사는 독자 여러분의 의견에 항상 귀 기울이고 있습니다.

이 책의 본문은 환경부 인증을 받은 재생지 그린LIGHT에 콩기름 잉크를 사용하여 제작되었습니다.

소월과 이상, 근대시의 두 얼굴

Literature

정재찬 지음

정재찬 교수가
들려주는 우리 문학 이야기

김영사

차례

이 책은 한국 근대문학사를 대표하는 두 문인, 소월 김정식과 이상 김해경에 관한 이야기를 담고 있습니다. 지향하는 바는 서로 달랐지만, 이 두 사람은 소월은 소월대로 이상은 이상대로 우리 근대문학의 정립과 발전을 위해 온몸을 바쳤고, 그 결과 저마다 우리 근대문학사에 새로운 장을 열었던 존재들입니다.

우리는 이런 분들을 천재라 칭하는 경향이 있습니다. 게다가 두 분 모두 너무 일찍 생을 마감하였습니다. 요절한 천재의 신화는 애도와 존경의 마음이 합쳐진 데서 비롯됩니다. 그런 대우를 받기에 마땅한 존재이지만, 그러나 이 책은 그러한 방식의 미화와 예찬에 큰 관심을 두지 않으려 했

습니다. 오히려 나는 이 책을 통해 그들 또한 우리 문학사
가 배출한 역사적 산물이며, 그들의 작품 또한 천부적 재능
만이 아니라 지독한 노력의 결과임을 보이고자 했습니다.
적어도 나에게는 그분들의 실체적 진실을 그렇게 이해하는
편이 훨씬 더 감동적이었습니다.

소월과 이상 각각에 대한 책은 전문서적이나 대중서적 가
릴 것 없이 기왕에 많이 출간된 편입니다. 하지만 이 둘을
한자리에 엮은 경우는 별로 보지 못한 것 같습니다. 두 시인
이 본격적으로 활동을 한 시기도 겹치지 않고, 작품 성향도
전혀 다른 탓이겠죠. 이 책은 오히려 그 점에 주목했습니다.
'전통 지향성'과 '근대 지향성'을 대표하는 이 시인들을 통
해 우리 문학과 문학사의 이야기를 좀 더 역동적으로 들려
줄 수 있겠다 싶었던 겁니다.

일단 '전통 지향성 대 근대 지향성'이라는 틀은 '전통 지
향성 대 서구 지향성'으로 이해해도 크게 다르지는 않을 것
입니다. 꽤 오랜 기간 동안 우리에게 근대화는 곧 서구화를
의미했기 때문이죠. 우리 민족에게 근대화는 당위로 다가왔
습니다. 선택이라기보다는 강요된 현실이었던 겁니다. 문제
는 그냥 '근대'를 이루면 다가 아니라는 데 있습니다. 어떻

게 '우리 근대'를 이룰 것인가 하는 게 더 중요한 과제였습니다. 그런데 근대화가 곧 서구화라는 도식을 따르게 되면, '우리'를 따르자니 '근대'가 울고, '근대'를 따르자니 '우리'가 우는 형국에 처하고 맙니다.

전통 지향과 근대 지향을 그저 갈등과 대립으로만 간주해서는 안 됩니다. 바른 전통 지향성이란 전통 지향을 통해 근대성의 문제에 대응하고자 하는 태도로 보아야 옳습니다. 그런 점에서 자민족 전통문화의 우월성에 빠져버리는 국수주의적 태도는 바람직한 전통 지향성으로 볼 수 없습니다. 근대 지향성도 마찬가지죠. 전통 부정과 서구 추수로 일관하는 것은 관념의 허영이거나 사대주의 근성이라는 비난에서 벗어나기 힘들 겁니다.

이러한 시대적 난제의 해답을 전통 지향과 근대 지향의 축에서 찾고자 우리 선조들은 시행착오를 거듭하며 분투노력했습니다. 그렇게 지난한 가운데서도 꾸준히 지각이 밀어올린 봉우리처럼 전통 지향과 근대 지향의 산맥에서 각기 우뚝 솟아난 존재가 바로 소월과 이상이었다고 생각했습니다. 이에 두 사람 각각의 생애와 시대를 씨줄로 삼고 대표적인 작품들을 날줄로 삼아 그들 문학의 의의와 가치를 설명해보고자 했습니다. 그러니까 이 책은 소월과 이상에 관한 이야기이자, 소월과 이상을 통한 우리 문학사 이야기라고 보아도 좋겠습니다. 다만 '소월과 이상'이라 이름 붙였으되 굳이 두 사람을 한데 놓고 비교·대조하거나 요약·분석하는 장은 잔소리 같아 덧붙이지 않았습니다. 그것은 독자의 몫으로 남기는 것이 더 온당하고 더 풍요로운 결과를 낳을 것이라 믿기 때문입니다.

기왕에 좀 더 욕심을 내자면 이 책이 문학만이 아니라 문학 공부의 가치도 독자들에게 전해줬으면 하는 바람입니다. 예술로서의 문학만이 아니라 인문학으로서의 문학에 대해서도 이해와 관심이 이어지면 우리 문학과 문화가 더욱 큰 힘을 얻고 성장할 수 있을 테니까요. 솔직히 지난날 우리의 근대사와 문학사를 공부하는 일이 감동적이고 자랑스럽기만 한 것은 아니었습니다. 힘들고 아팠습니다. 아니, 한심스럽고 원망스러운 장면도 적지 않게 마주쳐야 했습니다. 그때만 해도 세계문화의 변방의식에서 자유로울 수 없었기 때문이죠. 보편을 차지한 서구의 자리에서 내려다보면 왜소해 보였고, 하지만 왜 그런 처지일 수밖에 없었는지 이해하고 나면 더욱 애착이 가는 그런 존재가 우리 근대문학이었습니다. 그러기에 근대문학을 공부한다는 것은 바로 그런 근대문학을 안타까이 지키고 사랑하는 일이 될 수밖에 없었더랍니다.

다행히도 이제는 한류라는 이름으로 이 변방의 문화가 세계로 뻗어나가고, 급기야 이 나라가 노벨문학상 수상자를 보유한 문화 선진국이 되는 광경까지 목도하게 되었습니다. 한강의 기적이 하루아침에 이루어진 것이 아니듯, 우리의 노벨문학상 수상 또한 온갖 간난신고 다 이겨낸 한국문학사가 낳은 산물일 것입니다. 그러기에 노벨문학상은 세계가 우리에게 준 선물이 아니라, 우리가 세계문학에 주는 희망의 선물이 되어야 한다고 나는 믿습니다. 과거를 미화하거나 합리화하자는 것이 아닙니다. 단지 운명처럼 주어진 저 어려운 조건의 문제 상황 속에서도, 그 해결을 위해 부단히 꿈꾸고 애써온 소월과 이상 같은 선배들이 계셨기에 가능했노라 말하고픈 것뿐입니다.

근대문학을 연구하고 가르치는 사람으로서 소월과 이상을 꽤 잘 아는 편이라 자부하고 지냈건만, 이번 책을 준비하면서 나는 공부를 완전히 새로 하다시피 해야만 했습니다. 최근의 연구 성과까지 훑고 또 훑었습니다. 몰랐던 것을 알게 되고 더욱 깊이 알게 될 때마다 대학 시절의 희열을 오랜만에 다시 맛보는 즐거움도 있었습니다. 하지만 백 개를 읽어 열 개를 쓰면 그 가운데 일곱 개를 지우고 세 개는 다시 써야 하는 과정이 끝 모르고 이어졌습니다. 쓰다 보면, 전공자 편에서는 뻔한 상식이나 비약처럼 보일까 봐 못 쓰겠고, 치밀하게 논증을 하자니 이번에는 대중의 입장에서 너무 난해하고 불필요해 보여 못 쓸 것 같은, 답답하기만 한 선택의 갈림길을 무수히 마주쳐야 했기 때문입니다. 어디 남들 연구 정리만 했겠습니까. 나만의 관점과 해석, 주장도 포기할 수는 없었습니다. 그러다 보니 원고는 자꾸 쌓여만 가고, 탈고는 부지하세월의 지경에 이르고 말았습니다.

결단을 내려야만 했습니다. 해서, 대중서의 성격을 유지하되 학술적인 내용을 다소 많이 담은 책은 별도로 출간하고, 이 책은 가능한 한 평이하고 흥미롭게 소개하는 데 주력하기로 말입니다. 부디 이 책을 통해 소월과 이상, 나아가 우리 근대문학의 형성과 발전에 관한, 작지만 보기 편한 지도地圖 하나를 얻을 수 있기 바랍니다. 자, 그럼 이제 편안한 마음으로 소월과 이상의 삶과 문학 세계 속으로 함께 들어가보시죠.

전통을 지향한 시인, 소월

우리나라를 대표하는 명시나 애송시를 조사하면 지금도 으레 김소월의 〈진달래꽃〉이 손꼽히곤 합니다. 예전에는 거의 늘 첫손가락을 차지할 정도였죠. 그래요, 오랜 세월에 걸쳐 다양한 평가를 견뎌낸 이런 작품을 명작이라 부르는 데 굳이 인색할 필요는 없을 겁니다. 하지만 막상 〈진달래꽃〉이 왜, 어떤 점에서 명시인가 따져 묻는다면 제대로 답할 이가 그리 많지 않은 것도 사실일 겁니다.

그럴 때면 나는 레오나르도 다 빈치의 〈모나리자〉를 예로 들곤 합니다. 〈모나리자〉의 미적·예술적 가치를 이해하려면 그에 관한 수많은 문헌들부터 읽어보아야 합니다. 알면 보인다, 아는 만큼 보인다는 말처럼, 공부만큼 좋은 스승은 없답니다. 하지만 대부분의 사람들은 책이 어렵다며 읽기 싫어합니다. 그런 분들은 프랑스의 루브르 박물관에 가서 〈모나리자〉를 직접 눈으로 보시기 바랍니다. 아마 구름처럼 몰려든 관람객들 때문에 제대로 감상하기 힘들 테고, 작품을 눈앞에 마주 대하고 섰더라도 그것이 잘 그린 그림이라는 정도의 느낌은 오지만 왜 시대를 초월한 걸작이라 부르는지에 대해서는 여전히 확신이 서지 않을 것입니다.

자, 그러면 부디 〈모나리자〉만 보지 말고 루브르 박물관 벽에 수없이 많이 걸려 있는, 〈모나리자〉가 탄생하던 당대의 작품들, 그 앞과 뒷 시대의 다른 작품들과 견주어보세요. 그럼 비로소 알게 될 겁니다. 〈모나리자〉가 있기까지, 농담 삼아 말하자면 그 이후에도 얼마나 많은 〈모자라니〉와 〈무너지리〉들이 있었는지, 그걸 보게 되면 왜 〈모나리자〉가 명화이고, 왜 다 빈치가 천재인지 알게 된다는 말입니다. 실은 〈모나리자〉에 관한 수많은 책들도 바로 그렇게 해서 쓰인 거랍니다.

이제부터 나는 〈진달래꽃〉이 왜 명시인지 그 가치를 밝혀보려 합니다. 최대한 읽기 쉽고 흥미롭게 말이지요. 다만 그러기 위해서는 우리도 근대문학사에 대한 공부가 어느 정도는 필요하답니다. 숲을 보고 나무를 보고, 나무를 보고 숲을 보며, 나무와 나무만이 아니라 그 사이의 공간까지 들여다보면 비로소 나무가 나무답게 숲도 숲답게 드러날 테니까요. 그 커다란 역사를 알아보기 전에 일단 김소월의 개인사부터 조금 알아보는 것이 순서일 듯합니다. 천재라고들 부르지만 그 또한 역사의 선물이요, 운명의 산물일 때가 많거든요.

1

소월과 그의 시대
– 나라도 아비도 없는 시인의 숙명

전설이 된 시인

소월의 생애를 밝혀줄 수 있는 실증적 자료는 그리 많은 편이 아닙니다. 소월에 관한 주변 인물들의 회고라든가, 세상에 전해지고 떠도는 이야기가 많지만, 막상 세부적인 팩트 체크에 들어가면 진실 여부를 판단하기 어려운 자료들이 대부분입니다. 그럼에도 그런 이야기들이 전설처럼 확대되어 재생과 변형을 거듭하며 내려온 바람에 세간에는 소월에 관한 그릇된 정보, 이미지나 환상이 넘쳐나는 게 현실입니다.

가령 소월의 아내 홍단실이 소설《임꺽정》의 작가이자 최남선, 이광수와 더불어 조선의 3대 천재라 불린 홍명희의

딸이었다는 낭설이 마치 사실인 양 인터넷을 떠돌아다니는 가 싶더니 급기야 모 문학관에 걸린 소월의 가계도에까지 버젓이 그리 소개될 정도랍니다. 소월의 절창으로 손꼽히는 시 〈초혼〉에 대해서도 소월이 세 살 위 친구 상섭을 두고 썼 다는 설이 있는가 하면, 남산학교 시절 여자 친구였던 오순 또는 오숙이와의 사연에서 비롯된 것이라는 설도 있죠.

이처럼 사실 여부를 확인할 수 없는 일화나 그에 바탕을 둔 해석들이 참 많습니다. 물론 확인되지 않는다 해서 다 거 짓인 것은 아니겠지만, 오류일 수도 있는 것까지 섣불리 사 실로 간주하기보다는, 사실로 확증되지 않는 한에서는 참고 사항 정도로만 취급하는 편이 바람직해 보입니다.

소월의 고향, 정주

김소월, 본명 김정식金廷湜인 그는 1902년 9월 7일 평안북도 구성군 서산의 외갓집에서 김성도金性燾와 장경숙張景淑의 아 들로 태어났습니다. 첫 출산은 친정에서 하는 것이 당시의 풍습이었답니다. 소월은 백일이 지나서야 정주군 곽산으로 돌아와 자라납니다. 공주 김씨 가문이 터를 잡고 살아온 그 의 고향 정주 땅은 이승훈, 이광수, 김억, 백석 등이 태어난

곳으로 당대 개화 문명의 본산지였죠.

소월의 집안은 제법 형편이 넉넉했던 지주 계층인 것으로 보입니다. 100년 전부터 내려온 기와집 고택에서 살았는데 증조모 시절에 개수한 집은 러일전쟁 때 러시아 군인들이 말을 타고 드나들 정도로 솟을대문이 높았다 하니 가히 저택이라 할 만했던 모양입니다.

그러나 그런 집안도 매우 빈궁할 때가 있었습니다. 일봉댁의 맏아들, 곧 소월의 조부가 금광업에 손을 댄 탓이죠. 당시에는 금광이 성업을 이루고 있었던 게 사실입니다. 인근의 운산금광은 1896년 미국인 제임스 모스가 채굴권을 따낸 이후 금을 캐기 위해 500킬로와트급 대용량의 운산수력발전소를 설치할 정도로 세계적 규모의 채굴이 이루어지고 있었고, 그밖에도 평북 창성군의 대유동 금광을 비롯해 구성군, 삭주군에도 중소형 금광들이 앞다투어 개발되고 있었을 정도였죠. 하지만 금광업이란 본래 밑 빠진 독에 물 붓기처럼 엄청난 자본 투자가 필요한 것이었기에 소월네 집안 역시 전답을 팔고 집까지 저당잡히는 등 날로 기울어만 갔답니다.

한데, 다행히도 파산 직전에 극적으로 금맥을 찾게 됩니다. 시쳇말로 노다지를 캘 수 있었던 거죠. 더 이상 금광을 개발할 경비가 없어 소월의 조부는 다른 이에게 그 사업을 넘기고 말지만, 그래도 그 덕분에 그간의 부채를 다 갚는 것은 물론 농지도 되사들일 수 있을 정도로 거금을 손에 쥐게 됩니다. 여하튼 소월의 집안은 조부 덕에 다시 또 유복해지게 된 것입니다. 훗날 소월이 일본 유학을 갈 수 있었던 것도 조부 덕분임은 물론입니다. 다만 공주 김씨 가문의 대표로서 가문의 대소사를 관장하던 조부는 유교적 권위가 아주 강해서 소월에게 억압적 존재였던 것도 사실로 보입니다.

아버지의 빈자리

불행은 다른 데에서 일어났습니다. 소월이 두 살 되던 해인 1904년, 소월의 아버지가 처가댁 나들이차 명주 저고리 차림으로 말을 타고 가던 길에 정주와 곽산 사이 철도를 놓고 있던 공사판의 일본인 목도꾼들에게 집단 폭행을 당하고 만 겁니다. 말 잔등에 매달린 채 돌아온 소월의 아버지는 한 달 가까이 의식불명으로 지내다 깨어났다고 해요. 다행히 목숨은 건졌지만 그는 젊은 나이에 그만 정신 이상 증세를 보이며 평생을 폐인으로 지내야 했답니다. 방을 나서지도, 잘 먹지도 않고, 사람들과 말도 잘 섞지 않으며 혼자 헛소리를 중얼거리다가는, 난데없이 광태를 부리며 어머니를 폭행하기도 했다고 합니다. 그렇기에 소월에게 아버지는 없는 존재나 다름없었을지도 모릅니다. 아니, 부담스러운 존재, 부정하고픈 존재였을지도 모릅니다.

1960년대 유주용이라는 가수가 취입했다가 훗날 후배 가수 홍민의 곡으로 널리 알려지게 된 〈부모〉라는 대중가요가 있습니다. 바로 김소월의 시 〈부모〉에 곡을 붙인 노래랍니다.

낙엽이 우수수 떨어질 때,
겨울의 기나긴 밤,
어머님하고 둘이 앉아
옛이야기 들어라.

나는 어쩌면 생겨 나와
이 이야기 듣는가?
묻지도 말아라, 내일 날에
내가 부모 되어서 알아보랴?

시의 내용으로 미루어 짐작건대 아마도 '나'는 어머니로부터 출생의 비화를 듣고 있거나, 뭔가 듣기 께름칙한 옛이야기를 전해 듣는 듯합니다. 어떤 옛이야기였을까요? 두 살이라 알지 못했던 아버지의 과거 이야기는 아니었을까요? 그렇다면 "묻지도 말아라"는 누가 누구에게 하는 말일까요? 어머니나 아버지, 집안 어른들에게 공연히 과거사를 묻지 말라는 스스로의 다짐일까요? 아마도 많은 분들은 그저 '이 담에 너도 부모 돼봐야 이 애비 마음 안다'란 뜻으로 이 노래를 이해했을 겁니다. 과연 그런 걸까요?

노랫말은 마지막 부분이 "내가 부모 되어서 알아보리라"로 끝나지만, 놀랍게도 원시는 "알아보랴?"로 되어 있답니다. 이건 아주 작은 차이인 것 같지만 실은 큰 차이랍니다. 원시의 의문형은 어딘가 부정적입니다. 알아보리라는 의지가 아니라 알아볼 수 있겠느냐는 뉘앙스마저 느껴지기 때문입니다. 더욱 이상한 것은 제목이 '부모'로 되어 있는데 시에서는 '어머님'만 등장하고 '아버님'은 보이지 않는다는 사실입니다. 아들인 김소월이 부모 되어 그 마음을 알아보겠다면 어머니보다는 의당 아버지 마음을 이해하겠노라 하는 편이 자연스러울 텐데 말이죠.

　이런 의문은 김소월의 생애사를 모르면 풀기가 어렵습니다. 아버지의 사고가 김소월의 인생에 끼친 영향을 헤아려 보아야 비로소 이해가 가기 시작합니다. 이제 왜 소월의 시 〈부모〉에 어머니만 있고 아버지는 없는지, "내가 부모 되어서 알아보랴?"가 '알아보리라'가 아닌 이유도, 아니 알아보더라도 아버지가 아닌 어머니의 마음을 알아보리라는 사연으로 읽히는 이유도 짐작이 가지 않습니까? 그렇게 보면 김소월이 "엄마야 누나야 강변 살자"(〈엄마야 누나야〉)라고 노래할 때도 왜 그 속에 유독 아버지는 없는지 조금 알 것 같지 않나요?

　훗날 소월은 4남 2녀 여섯 자녀를 둔 '부모'가 되지만 그때에도 다른 아버지들의 마음은 알아도 정작 당신 아버지의 마음은 몰랐을 겁니다. 실성한 이의 마음을 그 누가 헤아릴 수 있겠습니까. 아버지의 부재 아닌 부재, 그것은 아마도 소월에게 평생의 굴레이자 극복하기 힘든 콤플렉스였을 겁니다.

숙모의 곁, 조부의 밑에서

어릴 적 소월은 갓 낳은 귀여운 아기란 뜻으로 집안에서는

'갓놈'이라 불렸답니다. 갓놈은 명랑하고 총명하고 기억력
이 비상한 아이였대요. 그러나 어린 소월은 일곱 살 아래 여
동생의 젖을 빼앗을 정도로 오래도록 엄마 젖을 떼지 못했
다고 합니다. 날이 추워도 맨몸으로 돌아다니고 버선마저
벗어던질 정도로 옷을 안 입는 버릇이 있었다고도 하고요.
이런 소월을 아마도 어머니는 금쪽같은 자식으로 여기며
키웠을 겁니다. 더구나 시아버지의 그늘, 비정상적인 남편
으로 이루어진 가정환경을 고려해본다면 외아들 소월이 얼
마나 그녀에게는 희망적인 존재였겠습니까. 하지만 그녀는
무학의 문맹이었습니다. 시댁 수발들고 병든 남편 돌보느라
바쁜 그녀가 나날이 성장해가는 소월과 깊은 대화를 나누
기는 점점 어려운 일이 되었지요.

　다행하게도 1905년 숙모 계희영桂熙永이 소월 집안에 들
어오게 됩니다. 그녀는 평북 선천 지방의 개화된 토호 집안
에서 자라난 덕에 일찍이 한글을 깨쳐 고대소설과 설화들
을 탐독했다고 해요. 어린 소월은 숙모 곁에 붙어서 그런 옛
날이야기 듣는 것을 아주 좋아했습니다. 집안일로 여념이
없던 어머니는 평생 의좋게 지낸 동서 사이였던 숙모에게
아들을 맡기다시피 했고, 밖으로만 떠돌다가 끝내 요절해버

린 숙부를 남편으로 둔 숙모는 어린 소월을 앉혀놓고 자신도 어쩌면 외로움을 달랬을지 모릅니다. 그 덕에 어린 소월은 전래 동화와 온갖 민요를 숙모로부터 전해 들으며 문학적 감수성과 상상력을 기를 수 있었을 겁니다.

어린 소월을 또 지극히 사랑한 이가 있었습니다. 바로 할아버지였습니다. 광인이 된 자신의 아들을 대신해 가문의 대를 이을 종손인 만큼 조부는 다섯 살짜리 손주에게 한문을 가르치려고 집으로 직접 훈장을 모셔올 정도로 어린 소월을 총애했습니다. 기대감도 컸을 겁니다. 일곱 살 때 남산보통학교 2학년으로 편입해 들어갔는데 신동 소리를 들을 정도로 손주가 공부를 잘했으니까요. 재주도 많았나 봅니다. 구슬픈 서도 가락을 버들피리로 기가 막히게 부르는가 하면 장기 실력도 꽤나 뛰어났다고 전해집니다.

하지만 손주 소월에 대한 할아버지의 애정이 긍정적으로만 작동한 것은 아닙니다. 소월은 할아버지의 명에 따라 구성 출신의 홍단실洪丹實과 결혼합니다. 열네 살 나이의 조혼이었습니다. 할아버지는 손자를 엄하게 대했습니다. 집안의 경제권도 할아버지의 그늘을 벗어날 수 없었죠. 무조건 할아버지의 뜻에 따라야 하는 것에 대해 소월은 가끔 숙모에게 불만을 토로하기도 했다지만, 소월은 할아버지에 대한 반항이나 반발을 좀체 겉으로 드러내 보이지 않았습니다. 할아버지의 독단이 부담스러웠더라도 그것을 따르는 것이 마땅한 도리라 생각했을 수도 있고, 장기간 내면화된 억압의 결과였을 수도 있습니다.

소월은 조숙했습니다. 총명한 덕도 있지만 어릴 적 그의 환경이 그를 더욱 조숙하게 만들었을 것으로 보입니다. 어린 시절, 그는 과연 무엇을 배우고 무엇을 알게 되었을까요? 다음의 〈어려 듣고 자라 배워 내가 안 것은〉이란 시를 유심히 읽어봅시다.

이것이 어려운 일인 줄은 알면서도,
나는 아득이노라, 지금 내 몸이
돌아서서 한 걸음만 내어놓으면!
그 뒤엔 모든 것이 꿈 되고 말련마는.
그도 보면 엎드러친 물은 흘러 버리고
산에서 시작한 바람은 벌에 불더라.

타다 남은 촉(燭)불의 지는 불꽃을

오히려 뜨거운 입김으로 불어가면서

비추어 볼 일이야 있으랴, 오오 있으랴

차마 그대의 두려움에 떨리는 가슴의 속을,

때에 자리 잡고 있는 낯모를 그 한 사람이

나더러 ‘그만하고 갑시사’ 하며, 말을 하더라.

붉게 익은 댓추의 씨로 가득한 그대의 눈은

나를 가르쳐 주었어라, 열 스무 번, 가르쳐 주었어라.

어려 듣고 자라 배워 내가 안 것은

무엇이랴 오오 그 무엇이랴?

모든 일은 할 대로 하여 보아도

얼마만한 데서 말 것이더라.

이 시 속의 뚜렷한 정황은 알 길이 없습니다. 다만 ‘돌아서서 한 걸음만 내어놓으면’ 엎질러진 물이 흘러버리고 산에 불던 바람이 벌판에서 불듯, 일단 결단해서 실행에만 옮기면 완전히 뒤바뀔 어떤 상황에서 그가 머뭇거리고 있음을 짐작할 따름입니다. 그런 일이 ‘어려운 일인 줄 알면서도’ 어떤 변화를 향한 결단이나 유혹을 앞에 두고 그는 여전히 머뭇거리기만 합니다.

이 머뭇거림은 소월의 시에서 아주 익숙한 모습이지요. 그러나 결국 늘 그는 포기합니다. 가지 못하고 멈춥니다. 아마도 그렇게 머뭇거리는 동안, 그 사이 촛불의 불꽃은 지고 말았던 듯합니다. 소월인들 문학과 낭만과 연애와 자유를 꿈꾸지 않았을까요? 하지만 그는 과감히 그쪽을 향해 나아가지 못합니다. 생활과 생계에 대한 중압감과 책무감이 어릴 적부터 소월을 지배했기 때문이죠.

그러니 어려서부터 듣고 자라 배워 소월이 알게 된 것은 한 마디로 '포기의 지혜'일 겁니다. 그것이 철드는 길이라고 그는 스스로 그렇게 가르치고 배웠을 겁니다. 내가 하고픈 것에 집착이나 미련을 두어서는 안 된다는 것, 내가 원하는 것보다는 남들이 바라는 대로, 할아버지와 가족이 원하는 대로 살아야 한다는 것, 그것이 금치산자인 아버지를 둔 아들로서 마땅히 지니고 지켜야 할 책무라고 여겼을지 모릅니다. 욕망보다는 운명을 따르는 것, 정상인보다 더 정상으로 살아야 한다는 것, 소월은 평생토록 이런 궤도에서 잘 벗어나질 못했습니다.

할아버지의 말씀에 순종하여 소월이 혼인을 하게 된 아내 홍단실. 그녀는 세 살 연상에 키가 크고 용모도 못난 편이었다고 합니다. 솔직히 소월 자신도 아내가 좀 더 예뻤으면 얼마나 좋았을까 하고 숙모에게 이따금 속내를 털어놓기도 했다고 합니다. 하지만 아내와 별도로 다른 신여성을 사귀거나 재혼을 하는 것이 근대적 개인의 자유라고까지 믿었던 당대의 많은 문사들과 달리, 소월은 애처가라 불릴 정도로 결혼 생활을 잘 유지해나간 편입니다. 운명에 충실한 남편 소월의 덕택인지, 성격이 쾌활하고 적극적이었던 아내 홍단실의 덕분인지 몰라도, 두 사람의 금실은 끝까지 좋았다 하니 다행입니다.

오산학교 스승과의 만남

열세 살 되던 해인 1915년, 남산학교를 졸업한 소월은 고향을 떠나 중등과정인 오산학교에 입학을 하게 됩니다. 오산학교는 민족주의자인 남강 이승훈(1864~1930) 선생이 세운 학교로서 당시 교장은 독립운동가 고당 조만식(1883~1950) 선생이 맡고 있었습니다. 조만식 교장 선생은 물론, 당시 역사 교사였던 김도태, 장도빈 선생 등을 통해 소월은 민족혼과 민족정신을 가슴에 새겨 넣게 됩니다. 무엇보다도 시인 김억과의 사제간 만남이 이루어진 곳이 바로 이곳 오산학교였습니다.

소월이 입학할 무렵 만주, 시베리아 등으로 방랑길을 떠난 이광수의 후임 자리로 들어와 국어를 가르치고 있던 김억. 그는 글짓기 숙제 검사를 하다가 소월의 시를 읽고 소월의 재능을 대번에 알아봅니다. 김억은 소월더러 다른 작품도 있으면 가지고 오라 일렀고, 그렇게 소월의 습작들을 받아든 김억은 확신하게 되죠. 이로부터 학교 전체에 소월의 문재가 널리 알려지게 되고 소월은 일약 교내의 스타가 됩니다. 김억은 본격적으로 소월의 창작 지도에 임하게 됩니다. 방과 후 지도는 물론 집으로 불러 시 작법을 지도하기까지 했죠. 덕분에 소월은 당대 최고의 시인이자 시론가였던 김억의 서재를 무시로 드나들면서 해외 문학 작품을 직접 접할 수 있었답니다.

소월 사후에 김억은 〈김소월의 행장〉이라는 글을 통해 소월과 자신의 인연을 밝히며 당시를 이렇게 회고합니다.

남산학교를 나와서 미래의 시인이 평북 정주군 갈산면 오산학교 중학부에 들어갔을 때는 지금으로부터 19년 전. 이 시인의 나이가 15세였습니다. 모든 학과 중에서는 작문을 제일 좋아하였고 어학이 그 다음이었습니다. (중략) 어느 편으로 보든지 조숙하였습니다. 나이가 불과 17~18이라고 하면 아직도 세상을 모르고 덤빌 것이어늘 이 시인은 혼자 고요히 자기의 내면생활을 들여다보면서 시작詩作에 해가 가고 날이 저무는 것을 모르고 삼매경에 지냈으니 조숙이라 해도 대단한 조숙이외다.

그러면서도 학창 시절 내내 소월은 늘 우등을 차지했습니다. 체조 과목을 빼고 거의 전 과목 만점을 받을 정도로 학업 성적이 우수했다고 합니다. 주산과 암산 솜씨로도 이름을 날렸고요. 그러나 오산학교가 1919년 3·1운동의 여파로 폐교 조치를 당하는 바람에, 서울의 배재고보 5학년에 편입될 때까지 소월은 2년 넘도록 고향집에서 머물게 됩니다. 마침 김억도 귀향하여 소월과 벗하면서 시 창작 지도뿐만 아니라 인생은 물론, 술 담배도 가르쳤다 합니다. 이 시기에도 소월은 꾸준히 습작을 계속하였습니다.

1920년 2월 발간된 《창조》 5호에 소월은 드디어 〈낭인의 봄〉 등 다섯 편의 시를 발표합니다. 그 이전까지 《창조》는 동인 아닌 이의 글을 실은 적이 없었는데, 아마도 김억이 주선한 덕으로 보입니다. 하지만 아무리 김억이 주선했다 해도 창작 능력이 동인급의 인정을 받지 못했다면 불가능했을 겁니다. 그 이후 소월의 시는 연이어 발표되기 시작합니다. 같은 해인 1920년 7월에는 《학생계》 창간호에 〈먼 후일〉 등이 실리고, 이어서 1920년에서 1921년에 이르는 동안 《학생계》 현상문예에 4회, 〈동아일보〉 독자 문단에 4회나 당선되기에 이릅니다.

이어진 1922년은 기념비적인 한 해였다고 해도 과언이 아닐 정도였습니다. 그 한 해 동안 《개벽》에만 무려 41편의 시와 〈함박눈〉이라는 소설까지 발표했으니까요. 우리에게 잘 알려진 시 〈금잔디〉, 〈엄마야 누나야〉, 〈개여울〉을 포함하여, 무엇보다도 〈진달래꽃〉이 발표된 것이 바로 이때의 일입니다.

소월은 이내 문단의 이목을 끌었죠. 선배 문인 김동인은 소월더러 "조선 정조를 가장 잘 이해하는 사람이고 조선 민중과 시가를 접근시킬 가장 큰 인물"이 될 것이라 예견할 정도였으니까요. 아니나 다를까, 소월은 지속적으로 탁월한 성취를 보였고, 세월이 흐를수록 더 높은 평가를 받는 시인이 되었습니다.

1922년은 또한 배재고보 5학년으로 편입함에 따라 소월이 서울로 올라온 해이기도 합니다. 소월은 교지인 《배재》의 편집위원까지 맡으며 열심히 학창 생활을 보냅니다. 그때 교지에 발표한 시가 바로 〈접동〉같은 작품입니다. 서울로 전학을 왔는데도 성적은 여전히 좋았습니다.

1923년 3월 배재고보를 졸업한 소월은 곧바로 5월에 도쿄상과대학東京商大으로 유학을 떠납니다. 문과가 아니라 상과대학을 택한 것을 김억조차 의외라 여겼지만, 이는 아마도 집안의 종손으로서 소월이 지니고 살았던 현실 감각이 작용한 것으로 봐야 할 겁니다. 하지만 청운의 꿈을 안고 현해탄을 건너 예과에 입학해 다닌 지 얼마 지나지 않아, 그해 9월 관동대지진이 일어나는 바람에 짧디 짧은 유학생활을 접고 귀국길에 올라야만 했습니다. 물론 도일渡日을 전후해서도 소월의 창작은 꾸준히 이어져 〈예전엔 미처 몰랐어요〉, 〈왕십리〉, 〈삭주구성〉, 〈가는 길〉 등을 발표하죠.

1924년에 들어 소월은 김동인, 주요한, 전영택, 김억 등의 《창조》 출신들이 중심이 된《영대》에 동인의 자격으로 참가하게 됩니다. 이 시기의 시편에는 우리 농민이나 유이민들의 애환과 삶을 노래한 것들도 많았는데, 이러한 소월의 현실주의적 변화에 대해 스승인 김억은 부정적이었던 것 같고, 급기야 김억에 대한 소월의 불만이 담긴, 동시에 그의 유일한 시론이라 할 수 있는 〈시혼詩魂〉이 1925년 5월《개벽》에 발표되면서 두 사람 사이에 불화가 싹트게 된 것으로 짐작됩니다.

1925년은 무엇보다도 우리 시문학사상 새로운 획을 긋게 된 시집《진달래꽃》이 상재된 해로 기록되어야 합니다. 총 234쪽에 걸쳐 127편이 수록된 이 시집의 정가는 1원 20전으로 당대 다른 시집 평균가에 비하면 고가에 속했습니다. 그만큼 볼륨도 컸고 작품수도 많았던 편이죠. 짧은 기간 안에 소월의 시작 활동이 얼마나 왕성했는지를 알게 해주는 대목입니다. 시는 그에게 삶과도 같았습니다. 1925년 한 해에만 28편의 신작시를 쏟아낼 정도였으니까요.

실의에 빠진 나날들

일본 유학이 중단되어 고향으로 돌아온 이후 소월은 무료한 나날을 보냅니다. 혼자 여행길에 오르기도 하고, 할아버지의 광산업에 일손을 보태기도 하던 소월은 상속 받은 전답을 팔아 식솔을 이끌고 고향 정주를 떠나 처가 근처인 구성으로 이사를 갑니다. 할아버지의 속박에서 벗어나고자 한 뜻도 있었을 것입니다. 다행히 할아버지는 소월의 분가를 허락해줍니다. 아무래도 벽지로 내려가면 손주 소월에 대한 일본 경찰의 감시가 덜해지리라 여겼기 때문이겠죠.

1926년 8월 소월은 〈동아일보〉 구성 지국을 인수합니다. 소월 개인이 처음으로 한 사업으로, 소월은 경영만이 아니라 신문 배포에서 수금에 이르기까지 혼자 도맡아 일하며 경제적으로 자립하기 위해 갖은 애를 썼습니다. 하지만 오래 가지 못하고 이듬해 3월 신문사 문을 닫고야 말죠.

그래도 버틸 만은 했답니다. 이미 남부럽지 않게 살 만큼의 재산도 물려받았고 어머니 몫의 전답까지 팔아서 구성으로 분가해 온 처지였으니까요. 다시 잘살아 보고자 소월은 참 열심이었습니다. 그러나 그럴수록 경제적 형편은 뒷걸음질만 쳤습니다. 급기야 고리대금업에까지 손을 대었다가 망했다는 설도 있지만 사실 여부는 확인되지 않고 있습니다. 여하튼 소월과 그의 가족들이 생활고에 시달리게 된 것만은 분명한 사실입니다.

소월은 점점 중앙 문단과 멀어져만 갔습니다. 어쩌다 들려오는 문단의 소식도 암울하기만 했죠. 문단 내에서 거의 유일하게 교유했던 친구 나도향이 폐결핵과 위장병으로 스물네 살 나이에 요절했다는 소식을 듣고 소월은 큰 충격을 받습니다. 그런가 하면 대구 갑부의 아들로 태어났지만 평생 아버지와 불화한 가운데 문학과 예술만 추구하며 가난과 고독 속에 살았던, 그러다 결국 1929년 서른 살 나이에 약을 먹고 스스로 생을 마감한 시인 이장희의 사망 기사를 접하게 됩니다.

이래저래 실의에 찬 소월은 술로 세월을 보냈다고 합니다. 오랜만에 소월을 만난 숙모 계희영이 울면서 야단도 쳐봤지만, 꿈을 깨면 자기는 살아갈 수 없노라며 소월은 술잔을 놓지 않았다고 해요. 술친구가 없어 아내에게 술을 가르쳐가면서까지 연일 폭음을 이어가던 나날이었습니다. 술꾼으로 전락해 방탕을 일삼는다는 소문이 고향을 넘어 서울에까지 퍼졌습니다.

재기의 몸부림

그러던 소월이 1934년 8월 《삼천리》에 〈제이·엠·에스〉 등 창작시 세 편과 한시 번역 여섯 편을 발표합니다. 〈제이·엠·에스〉는 오산학교 시절 교장이던 조만식 선생 함자의 영문 약자를 제목으로 삼은 작품으로, 근년 처음 꿈 없이 자고 일어나서 십 년 만에 선생님을 생각하고는 술과 계집과 이욕에 헝클어져 십오 년을 헛되이 살아온 자신을 반성하는 내용을 담고 있습니다.

이 시들이 실린 《삼천리》는 지난날 민요시 운동을 함께했던 김동환이 주재하던 잡지였습니다. 소월은 김동환에게 편지를 보내 새로운 창작 의욕을 강하게 드러내며, 약속을 지키기라도 하는 듯이 그해 11월에는 《삼천리》에만 여덟 편의 시를 발표합니다. 십 년 동안 자신을 괴롭혔던 불면증에서 벗어나 새로운 삶을 시작하려는 의지를 소월은 시를 통해 표현하고 싶었는지도 모릅니다.

그런가 하면 소월은 그해 《신인문학》 11월호에 김억의 시 〈삼수갑산〉에 대한 화답시로 〈차안서선생삼수갑산운〉을 투고합니다. 소월의 사후, 김억은 이와 관련해 중요한 증언을 합니다. 1934년 들어 오랜 기간 적조하게 지낸 소월에게

자신의 한역시집《망우초忘憂草》를 보냈더니 소월이 답신과
더불어 시를 한 편 덧붙여 보냈는데 그것이 바로 〈삼수갑
산-차안서선생삼수갑산운〉이었다는 겁니다.

　이는 김억과 소월 사이의 화해를 의미합니다. 실은 김소
월이 그 이전 상당 기간 작품 발표를 하지 못한 중요한 요인
중의 하나가 김억과의 불화 때문이며 1934년 들어 작품 활
동을 재개할 수 있었던 것 또한 김억과의 관계 회복 때문이
라 보는 견해도 제기된 바 있습니다.

　소월과 김억의 사이가 사제지간으로서 원만하기만 했던
것은 결코 아닙니다. 김억은 소월의 동의 없이 소월 시에 손
을 대기 일쑤였다고 합니다. 글자 하나까지도 섬세하게 고
심하는 소월의 성격상 이런 일은 견디기 힘들었을 테고 두
사람 사이에 갈등이 일어날 여지는 늘 잠재해 있었던 셈이
었죠. 그래서 몇 해 동안 김억과 김소월 사이는 편지 왕래조
차 없을 정도로 소원해졌다고 합니다.

　소월과 김억 사이의 빛과 그늘은 소월의 죽음 이후에도 이
어집니다. 소월 사후에 그의 유작들은 김억의 손에 맡겨지는
데 김억은 그로부터 몇 해가 지난 1939년 12월에 이르러서
야 그 유고들 중 일부를, 기존에 발간된 시집《진달래꽃》에

수록된 시 및 그 이후 산발적으로 발표된 시편들과 함께 엮어《소월시초》라는 이름으로 박문서관에서 간행합니다. 그 시집에서 김억 스스로 밝히기를 "이것으로서 소월의 시가 전부를 모은 것은 아니외다. 나의 경영하던 잡지《가면》에 실린 것만 하더라도 시집 한 권은 넉넉히 될 것이외다. 그러나 나의 부주의로 인하야 그 존안이 없어져 시가 전부를 모아 놓지 못한 것이 유감이외다"라고 했습니다.《소월시 전집》이 아니라《소월시초》일 수밖에 없는 이유입니다.

안타깝기 그지없는 일이지요. 이때 발표되지 않은 나머지 유작도 김억이 보관하고 있었음은 분명한 사실입니다. 차라리 그때 한꺼번에 다 공표했더라면 어디까지 김억의 자의적인 개작이 이루어졌는지, 선별 과정에서 소월의 어떤 작품이 빠져버렸는지 알 수 있음은 물론, 소월의 작품을 김억이 자신의 이름으로 발표했다는 등의 세간의 의혹도 가부간에 사라졌을 텐데 말이죠. 그러나 그런 채로 김억은 납북되어 사라져버렸고, 김억이 주재한 잡지《가면》은 아직까지도 소장처가 확인되지 않고 있습니다. 그러니 김억 덕택에 김소월의 시가 오늘날까지 전해질 수 있었던 것도 사실이지만, 동시에 김억 때문에 김소월의 전 면모가 밝혀질 수 없게 된 셈이기도 한 것입니다.

소월의 편에서 보면 진실은 다르게 재구성될지도 모릅니다. 소월은 예를 다 갖춰《망우초》를 보내온 스승 김억에게 이렇게 답합니다.

"몇 해 만에 선생님의 수적手迹을 뵈오니 감개무량하옵니다. 그 위에 보내주신 책 망우초忘憂草는 재삼파열再三披閱 하올 때에 바로 함께 있어 모시던 그 옛날이 안전眼前에 방불彷彿하옴을 깨닫지 못하였습니다."

풀이하자면 "몇 해 만에 선생님이 손수 쓰신 글씨를 뵈니 감개무량합니다. 보내주신 책 허겁지겁 여러 차례 펼쳐 보느라 선생님을 가까이 모시던 옛날이 바로 눈앞에 있는 것 같음도 미처 깨닫지 못할 정도였습니다"라는 뜻 정도가 될 겁니다.

그러니 '망우초'라는 시집 표제 그대로 이제 모든 걸 다 잊고 새로 시작하자는 뜻을 스승에게 전하고자 함은 아니었을까요. 그러기에 스승 김억의 〈삼수갑산〉에 화답시를 지어 보내고, 이를 잡지에 따로 공공연히 발표한 것이 아니겠습니까. 정말 오랜만에 시작의 의욕이 소월의 전신을 휘감아 불타올랐을 법합니다. 그에게 창작의 욕구는 어떤 생활의 의욕보다 강렬한 생의 욕구였습니다.

갑작스레 스러진 불꽃

그러던 그가 불현듯 숨을 거둡니다. 1934년 12월 24일의 일이었습니다. 소월의 죽음, 그 사인에 대해서는 의문점이 많이 제기되어 왔습니다. 대중에게 가장 널리 퍼져 있는 것은 이른바 음독자살설로, 주로 소월의 아내와 삼남, 곧 가족 측의 증언에 기대고 있는 설입니다. 가족들에 따르면 그 전날 소월은 고향 곽산에 들러 조상 산소에 일일이 성묘하고 돌아온 후 부인과 함께 술을 마시고 잠자리에 들었는데, 소월이 동반자살을 기도하여 부인에게 아편 혹은 독약을 먹이고 자신도 먹었으나 부인은 그것을 뱉어내어 살아났고 소월만 죽었다는 겁니다. 약의 정체에 대해서는 저마다의 기억이 엇갈리는데 집에 늘 두고 있던 '깜당약'이라고도 하고, 장터에 사온 약이라고도 하며, 은단이라는 독약이라고도 합니다.

　이외에도 소월의 죽음을 둘러싼 풍문은 여러 모양으로 전해 내려옵니다. 아내와 동반자살을 기도한 게 아니라 그냥 소월 혼자 아편을 한 덩어리나 먹고 죽었다는 설도 있고, 소월이 관절염 통증을 완화하기 위해 일상적으로 아편을 쓰곤 했는데 그날 그만 과다 복용한 바람에 사망한 것 아니냐는 설도 있습니다.

그중에서도 자살설이 널리 유포되고 확산된 데에는 어쩌면 낭만적 천재의 비극적 운명에 대한 대중의 허튼 기대도 한몫을 차지하고 있을지 모릅니다. 물론 자살설을 둘러싼 정황 증거는 많습니다. 개인적 생활고, 일본 경찰의 감시, 민족 현실에 대한 울분 등을 원인으로 들기도 하고, 가장의 의무를 다하지 못한 아비를 둔 소월이 정작 자신도 가장으로서의 경제적 책무를 제대로 감당하지 못한 데 따른 자괴감에서 원인을 찾기도 합니다. 혹은 배재고보 출신의 동갑내기 친구 나도향의 요절과 그 뒤를 이은 이장희의 음독자살 같은 주변의 사건과 당대의 문화적 분위기가 그를 염세주의로 이끌었으리라 추측하는가 하면, 이러한 환경적 요인에 소월 본유의 내성적 성격이 상호작용하면서 알코올중독 및 우울증으로 이어진 데 따른 결과였으리라 추단하기도 합니다.

진실은 알 수 없지만, 소월의 공식적인 사인은 뇌일혈이었습니다. 소월의 사망 사실을 최초로 보도한 〈조선일보〉(1934.12.27) 기사가 그렇게 전했고, 김억 또한 처음에는 각기

병을 이르는 것으로 추측되는 소위 '저다병楮多病'이 사인이라 했다가 추후에는 뇌일혈로 수정했습니다. 유서도 유언도 없었습니다. 서른둘의 짧은 생애였습니다. 세상 빛을 보지 못한 아내 뱃속의 자식까지 포함해 4남 2녀를 남긴 채 말입니다.

2.
전통 형식의 창조적 계승
– 친근한 전통에 담은 근대적 개성의 자유시

기념비적인 시집, 《진달래꽃》

1925년 12월 26일, 김소월 생전의 유일한 시집 《진달래꽃》
이 김억이 운영하던 매문사에서 발간되었습니다. 이 시집은
우리 근대문학 유산 가운데 최초로 2011년에 등록문화재
(현 국가등록문화유산)로 지정되었을 정도로 그 가치를 인정받
는 기념비적인 시집입니다.

도대체 무슨 이유에서 그렇게 높은 평가를 받는 걸까요?
이런 물음에 답하기 위해 김소월의 시 〈진달래꽃〉을 중심으
로 그의 대표작들을 살펴보겠습니다. 먼저 〈진달래꽃〉의 전
문부터 읽어보시죠.

나 보기가 역겨워

가실 때에는

말없이 고이 보내 드리오리다.

영변寧邊에 약산藥山

진달래꽃

아름 따다 가실 길에 뿌리오리다.

가시는 걸음 걸음

놓인 그 꽃을

사뿐히 즈려밟고 가시옵소서.

나 보기가 역겨워

가실 때에는

죽어도 아니 눈물 흘리오리다.

보통의 대한민국 사람이라면 아마도 중학교나 고등학교 국어 교과서를 통해 처음 이 시를 접했을 것입니다. 그리고 지금도 아마 엔간하면 이 시 한 편쯤은 외우고 있지 않을까

왼쪽은 중앙서림본, 오른쪽 한성도서주식회사본. 매문사에서 동일 날짜에 《진달내꼿》이라는 표제로 출간된 다른 판본이 발견되었는데, 이는 출판사는 동일하나 총판을 달리한 데서 비롯되었을 것으로 추정한다. 현재는 한성도서주식회사본과 중앙서림본 모두를 동시 간행된 이본으로 판단하여 둘 다 국가등록문화유산으로 지정하였다. (출처: 국가유산청)

요? 국민시라 불러도 조금도 어색함이 없는 시 〈진달래꽃〉. 과연 이 시를 우리는 어떻게 가르치고 배웠을지, 잠시 순진무구했던 학창 시절로 돌아가 그때의 기억들을 되살려볼까요? 이제 막 김소월 시를 공부하고 있는 학생들도 크게 다르지는 않을지 모릅니다.

근대와 전통을 모두 품은 운율

먼저 〈진달래꽃〉의 형식, 특히 운율에 관해 배웠을 겁니다. 김소월은 우리 민족의 전통적 운율, 이른바 7·5조 3음보를 계승하였다고 말이죠. 그런데 그때 왜 이런 의문은 들지 않았을까요? '7·5조는 일본에서 들여온 외래음수율이라 하지 않았나? 그렇다면 어떻게 이를 두고 전통 운율의 계승이라 말할 수 있지?'

이 질문에 답하려면 먼저 전통이라는 개념부터 재고할 필요가 있습니다. 모든 문화에는 보편성과 특수성이 함께 들어 있어요. 전통문화란 우리만의 순수하고도 자생적인 문화 요소나 우리만의 고유하고 배타적인 창조물을 일컫는 것이 아닙니다. 가령 유교나 불교문화를 생각해볼까요. 비록 중국과 인도에서 각각 유래한 외래문화이지만 그럼에도 그것을 가리켜 전통문화라 부르는 데에 우리는 전혀 인색하거나 거리낌이 없습니다. 그것은 한반도를 스쳐갔을 수많은 정신적·종교적 문화 가운데 우리 조상들이 주체적으로 택한 결과이기 때문입니다. 더욱 중요한 것은 일시적인 유행이 아니라 상당히 오랜 세월 동안 세대를 거듭하여 전해 내려오면서 그 문화의 원산지나 경유지와 사뭇 다른 우리만의 고유하고 개성적인 문화로 뿌리를 내렸다는 점에 있습니다. 전통이란 그런 거랍니다.

물론 이러한 관점의 문화전파이론은 문화교류 당사자들 간의 불평등한 권력 관계를 경시하는 경향이 있는 게 사실이에요. 주체적 선택이라기보다는 강요된 선택일 수도 있는 것이니까요. 특히 그 관계가 워낙 불평등했던 개화기와 일제강점기라는 특수성을 감안한다면, 이것이 정말 주체적 수요에 따라 새로운 문화적 요소를 선택적으로 수용한 것인지, 외세에 의해 일방적으로 이식된 산물인지 분명히 따져볼 필요가 있습니다.

이를 고려하면서 7·5조 문제를 검토해봅시다. 먼저 사실부터 확인해보죠. 7·5조는 김소월의 발명품이거나 김소월만의 고유한 특성이기는커녕 그보다 한참 전인 개화기 창가 때부터 자리 잡아 내려온 운율 형식이었습니다. 개화기 창가는 찬송가와 더불어 서양 악곡은 물론, 특히 일본 메이지 시대의 시가로부터 영향을 많이 받았습니다.

예를 들어 최남선의 〈경부철도노래〉는 일본의 철도창가에 직접적인 영향을 받은 노래로, 이미 일본에서 널리 알려진 스코틀랜드 민요 〈밀밭에서Coming Through The Rye〉의

곡조에 따라 부르게 되어 있었어요. 그 곡조에 맞춰 〈경부철도노래〉는 '우렁차게 토하는 기적 소리에 / 남대문을 등지고 떠나 나가서'로 시작합니다. 명백히 7·5조입니다.

최남선은 이렇게 썼어요. "이 노래는 예전부터 내려오는 '8·8자박' 격조와 다르니 나는 이러한 격조를 '8·5'조라 이름 하고자 하노라"라고. 즉 최남선은 자신의 창가가 전통 율격인 4·4조와 다른, 7·5조(7·5조와 8·5조는 실질적으로 동일함)의 외래 율격이라는 자각을 갖고 있었던 거죠. 7·5조는 일본 창가의 지배적인 율격이었거든요. 일본의 철도창가 중 〈만한철도창가〉의 1절을 일본어 발음대로 읽어 우리 글자로 옮기면 다음과 같습니다.

汽笛の響 いさましく	키테키노히비키 이사마시쿠
馬關を跡に 漕ぎ出でて	바카웅오아토니 코기이데테

맞아요. 정확히 7·5조입니다. 7·5조가 일본에서 들어온 것은 명백한 사실입니다. 달리 말하면 7·5조가 들어오던 초기에 7·5조는 전통 운율과는 거리가 먼 낯선 음수율이었던 겁니다. 시조나 가사, 민요와 비교하면 얼마나 낯선 음수율

인가요? 전통시가만이 아니라 같은 개화기의 애국가 계열이
나 개화가사를 보더라도 전통의 3·4조, 4·4조 음수율에서
벗어나지 않았습니다. 그러니까 일본 유학을 통해 메이지
시대의 시가를 접한 최남선이 창가의 형식을 통해 이 7·5조
를 이른바 신식 리듬으로 받아들여 전파하고자 하였던 것,
즉 이때까지 7·5조는 전통 지향이 아니라 오히려 근대 지
향, 외래 지향에 따른 선택이라고 보는 것이 타당합니다.

문제는 서양 악곡이 지배하게 되면서 이러한 노랫말 작
법이 하나의 문화적 관습처럼 자리 잡게 되는 데 있습니다.
7·5조는 우리 문화에 금세 퍼지게 되었습니다. 그 결과, 지
금도 우리가 즐겨 부르는 태동기 동요 대부분이 7·5조로
이루어지게 된 거죠. "나의 살던 고향은 / 꽃피는 산골(〈고향
의 봄〉)", "푸른 하늘 은하수 / 하얀 쪽배엔(〈반달〉)" 등등 우리
가 즐겨 부르는 대다수의 동요가 7·5조라는 점, 혹시 알고
있었나요?

그렇다면 우리의 질문은 이렇게 바뀌어야 합니다. 7·5조
는 어떻게, 왜 그렇게 널리 수용될 수 있었을까. 다른 운율
도 많았을 텐데 말이죠. 한국어를 모어로 구사하는 우리 민
족이라면 7·5조라고 해서 '우렁차게토하는 / 기적소리에'

로, 즉 음수율에 따라 일본 시가처럼 일곱 음절과 다섯 음절로 끊어 읽을 사람은 없을 겁니다. 누구나 자연스레 '우렁차게 / 토하는 / 기적 소리에'로 읽게 마련이죠. 엄밀히 말하면 우리는 7·5조를 7·5조로 받아들이지 않은 겁니다.

7·5조는 음수율보다 우리의 전통 율격인 3음보율로 구현하는 데 알맞춤이기에 자연스레 받아들여지고 정착될 수 있었던 것으로 보는 게 맞을 것입니다. 요컨대 7·5조는 비록 서양 악곡의 수입에 따라 선택된 외래 음수율이지만 우리 시가의 전통적 입맛에 맞게 변형되어 널리 수용되기에 이른 것으로 보입니다.

그럼 다음 질문은 무엇이 되어야 할까요? 7·5조가 김소월 이전에 이미 우리 시가에 자리 잡은 운율이라면 왜 유독 김소월의 7·5조에 대단한 가치가 있는 것인지 물어야 하는 게 아닐까요? 정답부터 말하자면, 소월 시의 의의는 7·5조를 바탕으로 민요조 3음보의 전통을 계승하되 그로부터 우리 근대 자유시의 형식을 완성했다는 데 있습니다.

전통과 근대는 적대적 대립의 양자택일 관계도 아니며, 절충이나 병행이라는 타협적 관계도 아닙니다. 전통 속에 근대가, 근대 속에 전통이 역동적으로 상호작용하는 가운데 새로운 전통이자 새로운 근대로 거듭나는 관계여야 합니다. 그 당위를 현실로 성취해낸 자가 우리 근대문학사에서는 바로 소월이었던 것, 그것이 우리가 "소월, 소월"이라 하는 결정적 이유 중 하나입니다.

반복과 변주의 어울림

〈진달래꽃〉을 다시 한번 소리 내어 읽어봅시다. 7·5조 3음보를 바탕으로 반복을 하는 듯하지만 중간에 슬쩍 끼워 넣은 '영변에 약산 / 진달래꽃'을 읽어 보면 음수율이 5·4로 바뀌었음에도 전혀 어색함 없이, 오히려 더 자연스럽게 리듬감이 느껴짐을 알 수가 있습니다. 반복과 변주의 어울림이란 이런 것이죠.

더구나 이러한 율격적 변조는 단순히 운율미만이 아니라 '영변'에서 '약산'으로, 다시 '진달래꽃'으로 이어지는, 곧 원경에서 근경으로 클로즈업되는 이미지나 의미의 전개에까지도 효과적으로 대응이 되고 있습니다.

이런 관점에서 보면 3행 1연으로 배치한 〈진달래꽃〉의 구성 자체가 만만치 않다는 걸 알 수 있죠. 만일 2행 1연으로 했으면 낭독은 어떻게 구현되었을까요. 3음보로 읽는다면 이렇게 낭송하는 것이 자연스러울 것입니다.

　　나보기가√ 역겨워√ 가실때에는√ √
　　말없이√ 고이 보내√ 드리우리다√ √

　반면에 3행 1연은 어떻게 읽어야 할까요. 행과 행 사이에는 어절 단위보다 더 긴 휴지를 넣어 낭송함이 적절하지 않을까요. 그렇다면 이렇게 읽을 수 있습니다.

　　나보기가√ 역겨워√ √
　　가실때에는√ √
　　말없이√ 고이 보내√ 드리우리다√ √

　아주 작지만 결정적인 차이가 납니다. 리듬도 달라지지만 그 내용과의 상관성에 주목해야 합니다.
　아마도 이 시는 이별의 상황에서, 그럼에도 떠나는 임을 송축하겠다는 내용을 표현한 노래라고 다들 배웠을 것입니다. 하지만 이별에 대한 태도를 따지기 전에 도대체 이들이 왜 헤어지는지 그 이유에 주목해본 적이 있나요? 떠나는 연인이 '나 보기가 역겨워' 가는 임이란 사실에 분개해본 적은 없나요? 연인 간에 헤어지는 이유야 수만 가지가 있을 수 있겠지만 이 시에 드러난 유일한 사유는 나를 보면 역겨워서 떠난다는 것뿐입니다. '역겹다'는 것은 구역질 날 만큼 속에 거슬린다는 뜻 아닙니까? 이런 임이라면 일단은 생각 좀 해봐야 하지 않을까 싶습니다.

'나 보기가 역겨워' 하고 난 다음에 행을 바꾼 것, 그래서 호흡을 조금 하고 난 다음, '가실 때에는'이라며 아예 한 행을 차지하고 있는 것을 보면, 깊이 생각하는 혹은 머뭇거리는 시적 화자의 고뇌가 느껴지는 것 같지 않습니까? 나 보기가 역겨워 가겠다는 사람을 어찌할지 고민하느라 시간은 이때 잠시 멈추거나 천천히 흐르는 것처럼 느껴집니다. 3음보를 1행이 아니라 2행으로 나누어 배열하였으니 물리적으로도 그럴만한 셈이죠.

그리고 이어서 마지막 한 행은 3음보를 일렬로 배치하였네요. 마치 고뇌는 길었으나 결단 이후의 행동은 머뭇거림이 없는 듯이 들리지 않습니까. 만일 "말없이 / 고이 보내 / 드리우리다"라고 처리했더라면, 말만 그렇지 어디 그게 선뜻 보내줄 사람의 말처럼 들리겠어요?

실제로 잡지《개벽》25호(1922.7)에 처음 발표할 때 소월은
〈진달래꽃〉의 1연을 아래와 같이 배열했었답니다. 이것을
《진달래꽃》 시집의 수록 형태와 비교해 감상해보세요. 왜
소월이 위와 같이 수정했을지 이해가 갈 겁니다.

　나보기가 역겨워

　가실때에는 말없이

　고히고히 보내드리우리다

이처럼 소월에게는 운율을 기계적으로 다루는 것이 아니
라 의미와의 상관관계 속에서 매우 유연하게 '밀당'을 할 줄
아는 천부적 감각과 노력이 있었습니다. 간단하게 하나만
더 예를 들어볼까요. 〈진달래꽃〉보다 몇 달 앞서 발표된 〈금
잔디〉(《개벽》, 1922.1)를 봅시다.

　잔디,

　잔디,

　금잔디

　심심산천에 붙는 불은

가신 임 무덤가에 금잔디,

봄이 왔네, 봄빛이 왔네.

버드나무 끝에도 실가지에,

봄빛이 왔네, 봄날이 왔네.

심심산천에도 금잔디에.

무엇보다 이 시는 시 전체를 통어하는 특정한 음수율 또는 음보율을 지정하기 힘들 정도로 운율이 자연스럽기 그지없습니다. 게다가 간결하고 압축된 시형이지만 그 안에 적절한 반복과 변조를 넣어 유려한 리듬감을 주는 작품입니다.

특히 눈여겨봐야 할 것은 첫 3행의 운율 배치에 있습니다. 이번에 소월은 3음보를 한 음보씩 한 행에 배열하면서 쉼표까지 붙이고 있어요. 이렇게 되면 이 시를 낭독할 때 한 행 한 행 또렷이, 그리고 천천히 읽을 수밖에 없게 됩니다. 뿐만 아니라 잔디 하나하나가 소중하다는 듯이, 잔디 하나하나를 생동감 있게 시각화한 것처럼 느껴지기도 합니다. 그렇게 '잔디'는 '잔디'대로 반복되며 '금잔디'에 이르고, '봄'은 '봄'대로 '봄빛'과 '봄날'로 변이되며 확장됩니다.

그런데 이 꾸미지 않은 듯한 형식 속에 이 시는 의외로 엄청난 것을 꾸미고 있습니다. 모든 것이 봄의 환희를 향해 달려나가는 것처럼 이 작품의 분위기는 밝고 환한 반면, 그러는 가운데 딱 한 가지 음울한 무언가가 슬쩍 가려져 있는 겁니다. 맞아요, 무덤입니다. 무덤가의 금잔디입니다. 만물이 소생하고 윤회하는 듯 봄은 어김없이 돌아오고 잔디는 불이 붙건만, 가신 임은 돌아올 줄 모르는 겁니다. '잔디 잔디 금잔디'는 아이러니하게도 우리 임 가신 '무덤가의 금잔디'였던 것입니다!

짧고 함축적인 형식 안에 이런 아이러니와 대조로 비애미를 표현해낸 시가 일찍이 있었던가요? 이래서 사람들이 "소월, 소월!" 하는 겁니다. 지금 보기엔 별것 아닌 것처럼 여길 수도 있겠지만, 당시 우리 시단의 흐름을 이해한다면 정녕코 콜럼버스의 달걀도 이만하진 못했을 겁니다.

7·5조 3음보로 요약되곤 하는 소월 시의 창작 비결이 바로 여기에 있습니다. 7·5조는 김소월에 이르러 비로소 시의 형식을 억압하는 정형적 틀이 아니라 시적 자유를 확장하는 바탕으로 재탄생하게 되었던 겁니다. 당시의 다른 민요시인들이 7·5조 3음보를 기계적으로 균등하게 배열하는 데 머

물렀던 반면, 소월은 음보율의 개념을 재해석하여 한 음보 내에서 음절수를 조절하거나 음보도 다시 시행 배치를 활용하여 분할하는 등, 7·5조에 구속되는 것이 아니라 7·5조를 활용하여 자유율을 구사하는 천부적인 리듬 감각을 보였던 거죠. 그래서 소월은 전통시가로서 민요조가 갖는 '노래'로서의 친숙함은 살리고 그 위에 근대적·개성적 정서를 담아 '시'를 빚어낼 수 있었던 것, 그러기에 김억은 소월의 시를 접하고선 드디어 근대화된 민요시인 동시에 자유시라고 선언할 수 있었던 것입니다.

민요시라는 타이틀

김소월은 처음부터 전통주의로 일관한 시인이 아니었습니다. 소월의 초기 시는 의외의 모습을 보입니다. 〈동아일보〉(1999.1.6)를 통해 처음 그 존재가 알려졌다가 2004년 5월 《문학사상》에 의해 본격적으로 발굴 소개된 김소월의 초기 시들을 보면 전통 쪽보다는 오히려 모던한 도회시에 가깝습니다. 가령 연 구분도 없이 무려 40행으로 이루어진 〈서울의 거리〉 같은 시는 마치 주요한의 〈불노리〉처럼 산문적 요소가 엿보이면서 제법 모던한 경향을 드러내는 자유시였답니다. 그러니까 서구 지향에 기울었던 1920년대 우리 초기 시단의 시들과 같은 작품을 김소월도 충분히 쓸 수 있었던 거죠.

민요 또한 근대문학 초기부터 환영받았던 것은 아닙니다. 계승해야 할 전통이라기보다 오히려 시대에 역행하는 부정적인 노래로 여겨질 정도였습니다. 당시 시단은 근대 자유시 성립의 길을 오로지 서구 지향을 통해서만 찾을 때였으니까요.

마치 최근의 바둑 영화 〈승부〉에서 조훈현이 이창호를 내 제자로 삼았던 것처럼, 오산학교 시절 스승 김억도 소월을 집으로 불러들여 자신의 서재를 드나들도록 하면서 시 창작을 지도한 것으로 알려져 있습니다. 하지만 이때까지만 해도 김억 역시 프랑스 시에 심취해서 우리나라 시단에 서구 상징주의 흉내를 내며 산문시 형식을 비롯해 다양한 형식적 실험을 시도하고 있었답니다. 그렇게 서구의 시를 통해 근대적인 자유시를 지향하던 그가 벽에 부닥치고 돌아선 뒤 1925년 이후로는 민요시를 통한 전통 지향의 길로 방향을 전환하게 됩니다. 그러니 민요시에 관한 한, 김억과 김소월 중 과연 누가 스승일지는 의문스러울 정도입니다.

김억은 소월을 제자로만 여기지는 않았습니다. 오히려 그 반대였지요.《개벽》을 통해 〈진달래꽃〉을 비롯한 소월의 시가 발표되는 것을 지켜보던 김억은 이 일련의 시들이 "군의 민요시인의 지위를 올리는 동시에 군은 민요시에 특출한 재능이 있음을 긍정"시킨다 하면서 다음과 같이 극찬을 한 바 있답니다. "우리의 재래 민요조 그것을 가지고 어떻게도 아름답게 길이로 짜고 가로 역시 곱은 조화를 보여주었습니까! 나는 작자에게 민요시의 길잡이를 간절히 바라는 바입니다."

그래요, 김소월이 도리어 자신의 '길잡이'가 되어주길 원했던 겁니다. 당시만 해도 소월만이 민요조 전통을 음수율이 아니라 음보율로 체득할 줄 아는 시인이었으니까요. 그는 7·5조만 고집하지도 않았으며, 어떤 음수율을 기반으로 하더라도 기계적으로 적용하는 것이 아니라 자연스레 리듬에 맞춰 부릴 줄을 알았습니다. 그러기에 김억이 소월더러 어떻게 재래의 민요조를 가지고도 저렇게 아름다이 조화를 누릴 수 있느냐며 감탄했던 것이랍니다. 따라서 김억이 없었으면 김소월은 없었다고 해도 틀리지 않겠지만, 김소월이 없었으면 김억이 없었다고 함도 옳을 것입니다. 김소월의 시적 성취가 없었더라면 이후 김억의 민요시와 우리 시단의 민요시 운동도 존재하지 못했을 것이기 때문입니다.

실은 민요시라는 용어가 문헌상 처음 발견되는 것부터가 바로《개벽》25호(1922.7)에 수록된 김소월의 시 〈진달래꽃〉에서의 일이었습니다. 김억은 〈진달래꽃〉을 실으면서 거기에 '민요시'라는 타이틀을 달았습니다. 소월의 시와 재능을 발견하고 발굴한 자가 김억이었고, 이 민요시라는 용어를 널리 보편화시킨 당사자 또한 김억이었던 거죠.

김억에 따르면 정작 당사자인 소월은 '민요시인'이라는 호칭을 거절했다고 합니다만, 여하튼 그 후 민요시라는 용어는 점차 보편화되기에 이릅니다. 이러한 경향은 1920년대 중반 무렵 국민문학파의 성립과 더불어 우리 문단의 민요조 서정시 운동으로 이어지게 되면서 주요한, 김억, 홍사용, 김동환 등도 모두 민요시인이라 불리게 되었답니다.

3

전통 정서의 근대적 변용
- 한과 그리움의 거리, 그 긴장과 절제

한을 노래한 시인

앞서 운율 같은 형식적 측면을 살펴보았다면, 이번에는 소월 시의 내용적 측면을 검토해봅시다. 아마도 〈진달래꽃〉에는 우리 민족의 전통적 정서인 '한恨'이 반영되어 있노라고 다들 배웠을 것입니다. 그리고 어쩌면 그 이별의 정한을 전통적 여인의 인고를 통해 예술적으로 승화시켰노라고 배웠을지도 모릅니다.

이에 대해서는 일단 민족 단위의 고유한 전통적 정서가 과연 존재하는지, 존재한다 하더라도 정녕 '한'이 우리의 전통 정서라고 할 만한 것인지 등등 시비를 따져볼 필요가 있습니다. 그런 관념들은 자칫하면 그릇된 인식과 일반화를 가져다줄 수도 있기 때문입니다. 다만 여기서는 그 같은 전제를 일단 승인한 가운데, 소월 시는 과연 어떠하기에 '한'을 잘 드러낸 작품이라 하는 건지 밝혀보도록 하겠습니다.

우리 민족이라면 누구나 다 알 법한 '한'을 막상 제대로 풀이하자면 쉽지가 않습니다. 그 정서는 슬픔과 관련되지만 슬픔만은 아닌, 슬픔과는 다른 그 무엇이 개재하는 것 같습니다. 슬픔이 그저 '한'이라면 김소월은 그보다 앞섰던 백조파白潮派 시인들보다 그다지 나을 게 없을지도 모릅니다. 그들이야말로 시에다가 슬픔을 쏟아내고 눈물을 들이부었으며, 밤과 죽음과 병실을 예찬했을 정도니까 말이죠. 그러기에 그들의 경향을 감상적感傷的 낭만주의, 혹은 병적病的 낭만주의라 일컫습니다. 오죽하면 '눈물의 왕국'이라 불렸겠습니까.

하지만 많이 울고 많이 슬퍼한다 해서 '한'은 아닙니다. '한'은 슬픔에 더해 억울함, 원망, 아쉬움 등이 드는가 하면, 순응, 체념, 인내 등도 작동하는, 이래저래 복합적인 감정들이 응어리진 정서라고 할 수밖에 없어 보입니다.

이 짧은 지면에서 '한'이 무엇인지 학술적으로 밝히기란 난감한 일입니다. 이럴 때는 예나 비유를 들어 설명하는 것도 한 요령이 아닐까요. 자, 우리나라 축구 국가대표팀이 월드컵 본선에 나가 브라질을 만났다고 합시다. 한 골 먼저 먹을 때만 해도 안타깝고 속이 상합니다. 두 골, 세 골 먹으면 불안해지고 화도 납니다. 그러다가 5 대 0이 됩니다. 그러면 묘하게 안심까지 후해지며 농담할 여유마저 생깁니다. 자포자기하는 심정이지만, 그래도 겉으로는 애써 "아예 십 대 빵을 채워라" "이참에 기록 한번 세워보자" 등등 한마디씩 하며 화를 달래보는 것이죠.

반면에 월드컵도 아닌 그저 국가대표 평가전 같은 시합에서 전반 내내 일본에게 1 대 0으로 이기고 있다가 후반에 동점골을 내주더니, 종료 5분을 남기고 심판의 석연찮은 판정으로 페널티킥을 허용해 2 대 1로 역전당하면 그때는 이야기가 달라집니다. 5 대 0도 아니고, 한 골 차밖에 안 되는 상황인데 이번엔 마음에 여유는커녕 울화가 치밀어 오릅니다. 아무도 농담을 함부로 꺼낼 수 없고, 그만하면 잘했다든가, 전에 브라질한테 당할 때보단 낫다든가 하는 말도 위로가 될 수 없죠. 심한 경우에는 밥도 안 먹히고 잠도 잘 안 와요. 이게 바로 '한'입니다. 증거를 대볼까요? 4년 후 다시 일본과 만나 우리가 승리하게 되면, 다음 날 신문 기사 제목은 보나마나 이렇게 나옵니다. "한국 축구, 4년 전 한恨 되갚아!"

김소월의 시가 바로 이런 감정을 여실히 보여줍니다. 그의 시에 등장하는 슬픈 화자들은 그냥 슬프기만 한 게 아니라 하나같이 안타깝고 아쉽기만 합니다. 그럴까 말을 할까, 그럼 하지, 그냥 갈까, 그럼 가지, 이러지도 저러지도 못한 채 시간만 흐르고 되돌아서는 겁니다. 거의 다 갔는데 왜 돌아서는 건지, 왜 그렇게 나약할 수밖에 없는 건지 모를 정도이지요. 자기 탓이 아닌데, 자기 뜻과 다르게 이미 벌어진 상황을 수습해야만 하는 존재들, 상황을 극복할 방법론도 보이지 않은 채 속수무책 주저주저하는 사이, 상황은 운명처럼 굳어져 어느 순간 그만 그 운명을 받아들이고 인내해야만 하는 존재들인 것입니다. 그래서 그의 시 속 주체들은 그저 후회하고 그리워하고 설워하는 것 외에 달리 할 일이 없어 보입니다.

1923년에 발표된 〈가는 길〉을 보세요. 아쉬움과 안타까움에 어찌할 바를 모르고 우왕좌왕하는 이의 모습에, 그를 바라보는 우리가 한이 맺히는 시입니다.

그립다

말을 할까

하니 그리워

그냥 갈까

그래도

다시 더 한 번……

져 산山에도 까마귀, 들에 까마귀

서산西山에는 해 진다고

지저귑니다.

앞 강물 뒷 강물

흐르는 물은

어서 따라오라고 따라가자고

흘러도 연달아 흐릅디다려.

시 속의 인물은 가만히 아무 일 안 하는 사람도 아니지만
그렇다고 적극적으로 문제 해결에 나서는 그런 사람도 아닙
니다. 그냥 갈까 돌아설까 우물쭈물 망설이길 거듭하는 그

는 소심하고 걱정 많은 착한 사람처럼 보이지만, 그러다가 결국 시간만 보내고 기회를 놓치는 어리석은 사람으로도 보여 우리를 안타깝게 합니다. 도덕적 금기이든, 사회적 책무나 체면, 관례나 관습이든, 욕망을 막는 그 상황의 힘을 그는 이겨내지 못한 채, 아니 이겨보려고도 하지 않은 채, 그저 운명이라 받아들이며 체념하는 것처럼 보이기 때문입니다.

그러면서 그는 "저 산에도 까마귀, 들에 까마귀, 서산에는 해 진다고 지저귑니다"라며 주어진 시간이 다했으니 이제 받아들일 수밖에 없노라 합리화하고 "앞 강물 뒷 강물 흐르는 물은 어서 따라오라고 따라가자고 흘러도 연달아 흐릅디다려"라며 어쩔 수 없음을 정당화합니다. 남 탓, 상황 탓, 운명 탓인 거죠. 그래서 그를 바라보는 우리의 가슴이 답답해지고 한이 차오르는 것입니다. 마치 세계사의 흐름에 그만 나라를 빼앗기고도 어쩔 줄 모르는 식민지 망국민처럼, 억울한 상처만 안고 돌아서서 그것을 보듬어내야 하는 약자들, 바로 우리 보통 사람들처럼 말입니다.

희망도 기약도 없는 기다림

희망이 없는 세상이었거든요. 소망이나 기대나 약조란 허망한 말과도 같았습니다. 미래가 없는 건 아닌데 믿을 수도 없고, 그렇다고 버릴 수도 없으니 그저 오늘을 살아야 하는 인생이었습니다. 이런 사정은 아마 개인도 나라도 마찬가지였을 텝니다.

이번에는 1966년 작곡가 이희목이 곡을 붙인 이래 정미조, 심수봉, 최근에는 아이유 등 여러 가수들에 의해 불리며 대중들의 사랑을 받는 노랫말이 되어버린, 김소월의 시 〈개여울〉을 읽어봅시다.

당신은 무슨 일로
그리합니까?
홀로이 개여울에 주저앉아서

파릇한 풀포기가
돋아나오고
잔물이 봄바람에 헤적일 때에

가도 아주 가지는
않노라시던

그런 약속이 있었겠지요

날마다 개여울에
나와 앉아서
하염없이 무엇을 생각합니다

가도 아주 가지는
않노라심은
굳이 잊지 말라는 부탁인지요

개여울 가에 누군가가 홀로 앉아 있습니다. 그 사람한테
물어요. 무슨 사연이 있기에 그리 있느냐고. 임을 기다리거
나 임이 그리워서 그리하노라 답했을 겁니다. 아, 임이 떠났
나 봅니다. 하필이면 파릇한 풀포기가 돋아나오고 잔물이
봄바람을 헤적이던 아름다운 봄날에 말이죠.

그런데 그 떠나간 이가 약조를 하긴 한 모양인데, 그게 아
주 얄궂어요. '가도 아주 가지는 않노라'며 떠났다니, 그런
것도 약속이라 할 수 있나요? 가려면 기약 말고 깨끗하게
떠나든지, 붙어살 거라면 떠나지를 말든지 해야 할 것을, 가

도 아주 가지는 않노라 하셨으니, 이건 이별한 것도, 이별을 아니 한 것도 아닌 희망고문 아닙니까?

개여울에, 그것도 날마다 개여울에 나와 앉아서 사람 기다리게 만드는, 그 떠난 임도 야속하지만 기다리는 당신도 참 답답합니다그려. 어리숙한 건지 순수한 건지 그 말을 약속이랍시고 믿느냐 말입니다. 날마다 개여울에 나가서 헤적이는 물살이나 하염없이 바라보며 도대체 무엇을 생각하느냐 말입니다. 미련이란 참으로 미련한 일인 줄 알면서도 어쩔 수 없는 것은, 그마저도 아니하면 그게 정말 한으로 남기 때문입니다. 해도 한, 안 해도 한, 희망도 기약도 없는 세상이지만, 기다리지 않을 수 없는 연약한 이의 마음. 소월은 그런 마음을 시로 잘 형상화해 내는 사람입니다.

저만치 닿을 듯 닿지 않는

그리움만큼 시에서 많이 다루어진 정서도 드물 겁니다. 그리워할 수 있는 능력 덕분에 우리는 돌아갈 수 없는 시절로 돌아가고, 만날 수 없는 이를 다시 만나게 됩니다. 하지만 그것은 환상일 따름입니다. 그리움으로 인해 우리는 다시 돌아갈 수 없고 다시 만날 수 없음을 통절히 깨달으며 가슴이 아파옵니다. 이국땅에서 고향을 그리워하고, 돌아가신 부모님을 그리워하게 되면, 그래서 황홀해지고 그래서 눈물이 납니다. 닿을 듯한데 닿지 못하는 그 아름답고 안타까운 절망, 그것이 한의 거리감 아닐까요.

가곡으로도 여러 버전이 탄생한 김소월의 명시 〈산유화〉를 봅시다. 이 시는 재레드 다이아몬드 교수의 유명한 저서 《총, 균, 쇠》에 '한글이라는 문자 체계의 탁월함을 잘 보여' 주는 예시로 실리기도 했죠. 다소 뜬금없기는 했지만, 그냥 알파벳이 아니라 시 텍스트로 한글을 소개하니 괜히 뿌듯하기도 했답니다.

산에는 꽃 피네
꽃이 피네.
갈 봄 여름 없이
꽃이 피네.

산에
산에
피는 꽃은

저만치 혼자서 피어 있네.

산에서 우는 작은 새요,
꽃이 좋아
산에서
사노라네.

산에는 꽃 지네
꽃이 지네.
갈 봄 여름 없이
꽃이 지네.

이 시에서 우리가 주목해야 할 시어는 바로 '저만치'입니다. '저만치'처럼 김소월의 심사를 잘 표현한 시어도 드물 겁니다. 그가 그토록 욕망하고 추구하는 대상은 늘 그 자신으로부터 '저만치' 떨어져 있습니다. 이를 두고 일찍이 김동리는 '인간과 청산과의 거리' '인간의 자연 혹은 신에 대한 향수의 거리'라고 설파하였지요. 자연을 동경하지만 결코 그에 귀의할 수 없는 절대적 거리라는 뜻입니다. 자아와 세계는 연속적이지 않습니다. 시인이 아무리 자연에 몰아일체하려 해도 항상 저만치 거리를 두고 거부당하기 때문이죠. 그렇다면 이것은 절망적인 거리가 됩니다.

하지만 '저만치'는 정감 어린 거리로도 볼 수 있습니다. 절대적으로 멀리 떨어진 것처럼 보이는, 가령 저 우주 속의 별 하나를 두고 그 거리감을 한껏 과장하는 어조에 담아 '저~만치' 떨어졌다고 말할 수도 있지만, 발치 앞 벼랑 너머 저쪽 벽에 피어난, 힘껏 온몸을 늘이면 닿을 수도 있을 법한 거리의 꽃을 향해 '저만치' 떨어져 있다고 말할 수도 있기 때문입니다. 그러면 조금 희망이 생깁니다.

그러나 결코 그 희망이 밝지만은 않아요. 저만치 벼랑 너머 피어 있는 꽃, 닿을 듯하지만 닿지 않는 거리야말로 사람을 환장하게 만들거든요. 그것이 바로 요기, 내 눈앞에 피어 있으면, 똑 따면 그만이고, 저기 저 멀리, 도저히 손이 가닿을 곳 없는 머나먼 곳에 있으면 쳐다보지도 말고 그냥 포기해버리면 그만입니다. 그런데 그 아름다운 꽃은 꼭 '저만치' 피어 있어 포기도 못합니다. 그냥 가자니 손을 조금만 더 뻗으면 딸 수 있을 것 같고, 따려고 하자니 건너편 절벽에 홀로 피어 있는 꽃이라 위험해 뵈기도 하고요. 아마 또 그렇게 주춤거리고 머뭇거리다가 결국 시간만 흐르고 마침내 돌아서고야 말겠지요. 그래서 더욱 안타깝고 미련이 남고 한이 생기는 법입니다.

스포츠계이든 연예계이든 스타들은 말 그대로 별과 같은 존재여서 우리 같은 범인과는 절대적 거리를 두고 떨어져 있어요. 손에 잡힐 듯 '저만치' 화면으로 비치니 착각하기 쉽지만 그는 별처럼 '저만치'에 있어 가까이할 수 없는 존재들이죠. 따라서 보통의 정상적 상태라면 그런 스타와 인연을 맺지 못했다 하여 평생의 한이라고 하지는 않습니다. 반면에 '저만치' 있어 닿을 듯했으나 닿지 못한, 인연이 될 법했으나 끝내 이루어지지 못한 수많은 '교회 오빠'나 '친구 여동생'처럼, 그렇게 '저만치' 멀어져간 존재들에 대해서는 아쉬움과 그리움이, 심한 경우에는 한이 되어 평생 가슴에 남는 법이랍니다.

따라서 '저만치'는 절대적 거리든, 정감의 상대적 거리든 쉽게 극복될 수는 없는 거리인 것은 마찬가지입니다. 오로지 '새'가 되는 수밖에 없습니다. 꽃이 좋으면 산에서 살아야 합니다. 속세와 산을 오가며, 꽃을 떠났다가 꽃이 좋아 산으로 가는 것은 사랑도 예의도 아닙니다. 그래서 소월은 새도 될 수 없답니다. 자신이 사랑하는 시와 예술과 같이 살기 위해 가족의 생계와 현실을 무시할 수는 없기 때문입니다. 이거야말로 소월 생애 전체에 걸린 한이 아니었을까요.

이 시가 아무리 산과 꽃과 새와 봄을 노래했어도 밝게만 들리지 않는 이유가 거기에 있습니다. 특히 이 시가 수미상관의 구조를 이루기 때문에 일종의 섭리로서 자연의 순환을 노래한 작품으로 보는 데에도 반대합니다. 1연에서는 꽃이 피고 4연에서는 꽃이 지니 계절의 순환을 노래했다는 말인가요? 그러면 1연은 봄여름이고 4연은 가을겨울이던가요? 1연은 꽃이고 4연은 낙엽이던가요?

아닙니다. 소월은 분명히 못을 박았습니다. 1연도 4연도 모두, 갈 봄 여름 없이 꽃이 피고 갈 봄 여름 없이 꽃이 지더라고 말입니다. 봄에 핀 꽃은 봄에 지고 가을에 핀 꽃은 가을에 집니다. 사시사철 꽃이 핀다는 것은 사시사철 꽃이 지는 셈이니까요. 탄생하면 소멸하는 것, 이것이야말로 자연의 섭리이며, 인생과 인간을 바라보는 김소월의 처연한 시선입니다.

소월은 이 시를 통해 우리네 인생과 존재의 근원적 고독을 노래했다고 바라봄이 좋겠습니다. 봄에 꽃이 피었다고

마냥 좋아할 일은 아닙니다. 봄에는 봄꽃이 지는 계절이기도 하기 때문입니다. 여름도, 가을도, 겨울조차 그러합니다. 참 서럽습니다. 하지만 말을 바꾸면 모든 꽃 지는 계절은 꽃 피는 계절이기도 하니 너무 허무해할 필요 역시 없을 법한데 소월의 시선은 긍정과 낙관 쪽이 아닌 것 같습니다. 시상의 흐름을 보면 그렇습니다. 다만 소월은 일희일비하며 호들갑 떨지 않았습니다. 그저 그렇다고 넌지시 매듭지을 따름이지요. 바로 그 절제가 우리 시를 한 단계 격상시킨 것입니다.

사뿐히 짓밟음의 진실

다시 〈진달래꽃〉으로 돌아와볼까요. 이 시의 주제를 이별의 정한이라 했지만, 그 이별을 두고서 죽어도 아니 눈물 흘리겠다며 죽음까지 들고 나오는 것은 좀 과한 건 아닐까 생각하시지는 않나요. 강조를 위한 단순한 과장의 수사법일까요.

그렇게만 보기에는 '영변에 약산 진달래꽃'이 심상치 않습니다. 흔히들 산화공덕散華功德이라 하지만, 하고 많은 꽃 중에 진달래꽃, 그 흔하디흔한 진달래꽃 중에서도 굳이 영변 약산 진달래꽃을 택한 이유가 궁금해지지 않을 수 없습니다. 물론 영변의 약산동대藥山東臺는 예로부터 서관 지역의 명승지로 알려져 있었고, 특히 봄철 장관을 이루는 진달래 꽃밭으로 유명하다는 것도 사실이지만, 단지 그 아름다움의 명성만으로 설명하기에는 설득력이 부족하게 들립니다.

아무래도 영변 약산이라는 구체적 지명의 등장은 약산동 대의 진달래꽃 전설, 곧 옛날 어느 수령의 외딸이 찾아왔다 가 절벽에서 떨어져 죽은 넋이 화하여 진달래꽃이 되었다는 전설과 연관되어 있을 것으로 보입니다. 약산동대에 얽힌 여러 전설과 민요를 소월도 잘 알고 있었을 테니까요. 특히 서북지방에 전해지는 접동새 설화를 빌려다가 시 〈접동새〉 를 지을 정도로 소월이 죽은 자의 혼과 연관된 유래담 설화 에 짙은 관심을 보였다는 점도 감안할 필요가 있습니다.

그렇게 본다면 이는 단순한 산화공덕이 아닙니다. 임을 보 내는 드리겠지만, 그것도 약산 진달래꽃이라는 아름다운 명 품 꽃을 깔아주면서까지 보내드리지만, 여인의 한이 담긴 꽃 이란 점에서 도리어 그것은 원망이 될 수도 있고, 반대로 강 력한 구애일 수도 있어요. 그리하여 죽어도 아니 눈물 흘리 겠다는 것은 죽겠다는 말보다 더 무서운 말도 되고, 죽을 정 도로 임을 사랑하노라 하는 호소가 되기도 하는 것입니다.

소월은 참 섬세한 시인입니다. 그렇게 깔아놓은 진달래꽃을 임은 어떻게 밟고 가야 할까요. 소월은 그것까지도 챙기고 있습니다. 시 속에서 화자는 진달래꽃을 깔아놓고서는 임에게 이렇게 요청합니다. 사뿐히 즈려밟고 가시라고.

'즈려밟다'는 평안도 방언이고요, 그 표준어에 해당하는 '지르밟다'는 사전적 정의에 따르면 '위에서 내리눌러 밟다'라는 뜻입니다. 그렇다면, 기껏 꽃을 깔아놓아 주고선 위에서 내리눌러 밟으라는 것은 무슨 의도인가요. 게다가 그냥 짓밟는 것도 아니고 가시는 걸음걸음 하나하나 사뿐히 짓밟으라고 했으니, 이런 낭패가 어디 있겠습니까.

도대체 사뿐히 짓밟는 건 어떻게 하는 겁니까? 모순이잖아요. 하나하나 사뿐히 밟거나, 하나하나 짓밟을 수는 있겠지만, 무슨 수로 하나하나 사뿐히 짓밟는다는 말입니까? 과연 가시는 임은 어찌하란 말인지 알아나 들었을까? 실은 이 시구 하나를 속 시원히 해석하지 못해 오랜 세월 저는 임보다 더 난감해했더랍니다.

그러다가 어느 날 문득 깨달았습니다. 상상 속 관념이 아니라 실제 경험을 통해서, 그것도 우연히 말이지요. 해외에 나가 해변의 어느 아름다운 도서관을 구경하고 돌아서는 길이었습니다. 문득 바닥을 들여다보는데 내가 밟는 보도블록 하나하나마다 그 도서관 건립에 기부를 한 사람들 이름이 적혀 있는 겁니다. 이방인 주제에 그런 귀한 이름을 차마 발로 밟고 지나가기가 미안해졌죠. 그래서 애써 사뿐히 밟으려 했어요. 한 걸음 살짝 밟는 데 성공! 그런데 다음이 문제였습니다. 그다음 블록도 사뿐히 밟으려 한쪽 발을 떼는 순간, 나도 모르게 조금 전 사뿐히 밟은 블록을 그만 내리눌러 밟게 되는 것이 아니겠습니까!

아, 소월은 지금 사진이 아니라 동영상을 찍고 있었구나 실감한 순간이었습니다. 정지 사진 속에서 사뿐히 짓밟는 것은 모순이겠지만, 연속 동작이라면 가능했던 것, 정성을 다 바쳐 뿌린 영변 약산 진달래꽃을 그저 휘휘 스치듯 밟으며 지나가지 말고, 지난날 우리의 추억들을 곱씹듯 하나하나 사뿐히 사뿐히 밟으며 가달라는 것, 그러면 어쩔 수 없이 하나하나 짓밟을 수밖에 없게 된다는 것, 그런즉 한 발에는 아름다운 사랑을 추억하고, 다른 한 발에는 여인의 넋이 변한 꽃 하나하나를 짓밟고 있음을 알고나 가라는 요청이 아니었겠습니까. 실로 기가 막힌 표현이 아닌가요.

물론 일반적인 해석은 그저 나 보기가 역겨워 떠나는 임조 차 죽어도 아니 눈물 흘리는 마음가짐으로 보내드리겠다는 것, 아픔은 스스로 감수하며 원망을 티 내기보다 오히려 진달래꽃, 그것도 최고급 진달래꽃을 뿌려드림으로써 임의 앞길을 송축하겠다는 정도로 읽는 것이 권위 있는 해석이죠. 그래서 이를 일컬어 전통적 인고와 지혜의 여인상 운운하며 가르쳐왔던 것이고요.

저도 동의합니다. 다만 저는 이를 두고 여성스러움보다는 어른스러움으로 보길 권합니다. 여성스러움이라는 말은 여러모로 수상하게 들립니다. 여성이든 남성이든 그게 중요한 것이 아닙니다. 이 시는 이렇게 들립니다. 모든 일에는 끝이 있는 법이며, 사랑 또한 마찬가지이리라. 사랑이 끝난 자리에는 저주가 아니라 축복만 남을 뿐이다. 그렇다면 이는 어른스러움이라 함이 더 적절하지 않을까요.

이 시를 배울 때 흔히 등장하던 애이불상哀而不傷이란 말이 바로 그런 뜻입니다. 《논어》와 《삼국사기》 등에 전해지는 이 말은 슬프지만 비통에 빠지지는 않겠다는 어른스러움과 상통합니다. 애절해하면서도 비통해하지 않는 것, 슬퍼하되 정도를 넘지 아니하는 것이야말로 가히 바르다 할 만하기 때문이지요.

이것이 바로 거리距離의 미덕입니다. 김소월은 대상과의 거리 조절을 할 줄 아는 사람이었습니다. 김소월 시 속의 화자들은 자신이 처한 슬픈 현실을 개혁하고자 적극적인 의지를 보이지는 않지만, 그렇다고 저 백조파 시인들처럼 현실에서 도피해 꿈이나 퇴폐의 세계에서 허우적거리거나 슬픔에 취해 감상주의에 빠져들지도 않았거든요. 김소월 시도 비애미의 범주에 속하기는 하지만 그의 시의 미학은 그 비애의 증폭보다 절제에 있다는 점이 다른 부분이지요.

어떻게 이런 경지가 가능했을까요. 사실 가만히 들여다보면 〈진달래꽃〉의 경우에는 정작 지금 헤어지는 정황이 아님을 알 수 있습니다. 즉 나 보기가 역겨워 떠나가는 임과의 이별 현장이 아니라, 혹시 일어날지도 모를, 임께서 나를 버리고 가실 미래의 장면을 상정해두고, 그때 나의 자세를 미리 마음속에 새겨놓고 있는 것입니다. 그러니 걱정도 팔자라고, 그런 걱정할 시간에 적극적으로 임을 붙들 의지는 보이지 않고, 그저 임을 송축하며 보낼 작정만 하고 있는 이 화자를 보면 속이 답답해질지도 몰라요. 한이 맺힐지도 모르죠. 하지만 당장의 이별이 아니니 어딘가 여유가 있는 것도 사실입니다.

오죽하면 〈진달래꽃〉이 이별의 정한이 아니라 오히려 사랑의 절정을 노래한 거라는 해석이 등장했겠습니까. 작품을 뒤집어 읽어볼까요. 이 둘은 지금 헤어지는 것이 아니라 열렬히 사랑하는 중이라고 가정해보세요. 그러면 임께서 나중에 떠난다 하시더라도, 심지어 나 보기가 역겨워서 헤어진다 하시더라도, 그때 기꺼이 꽃을, 그것도 우리나라에서 가장 명성이 자자한 영변 약산 진달래꽃을 가시는 걸음걸음 뿌리며 보내드릴 정도로 '지금 나는 당신의 사랑 덕에 너무나 행복합니다' 노래하고 있는 것이 아닐까요? 그렇게 보면, 훗날 이별이 찾아와도 말없이 고이 보내드리고 죽어도 아니 눈물 흘리겠다는 것은 미래 인고의 다짐이 아니라 현재 절정에 달한 행복감의 고백이 되고 맙니다.

그러나 이처럼 가상의 혹은 관념적인 이별이 아니라 이별의 현장 앞에 서게 되면 소월도 이야기가 달라집니다. 그것도 그냥 이별이 아니라 영영 이별일 때, 재회의 기대조차 없는 사별일 때, 그때도 거리를 조절하며 감정을 절제하는 것은 적절한 애도라 볼 수 없습니다. 그러기에 소월은 〈초혼〉

에서만큼은 산산이 부서진 이름, 허공중에 헤어진 이름, 불러도 주인 없는 이름, 부르다가 내가 죽을 이름이라며 절규를 하지 않았던가요.

산산이 부서진 이름이여!
허공중에 헤어진 이름이여!
불러도 주인 없는 이름이여!
부르다가 내가 죽을 이름이여!

심중에 남아 있는 말 한마디는
끝끝내 마저 하지 못하였구나.
사랑하던 그 사람이여!
사랑하던 그 사람이여!

붉은 해는 서산마루에 걸리었다.
사슴의 무리도 슬피 운다.
떨어져 나가 앉은 산 위에서
나는 그대의 이름을 부르노라.

설움에 겹도록 부르노라.

설움에 겹도록 부르노라.

부르는 소리는 비껴가지만

하늘과 땅 사이가 너무 넓구나.

선 채로 이 자리에 돌이 되어도

부르다가 내가 죽을 이름이여!

사랑하던 그 사람이여!

사랑하던 그 사람이여!

감정을 드러내는 문장부호인 느낌표를 소월이 이 시에서
만큼 많이 쓴 작품은 어디에도 없어요. 강조의 표현법인 반
복법을 이 작품처럼 대놓고 사용한 경우도 달리 없고요. 선
채로 이 자리에 돌이 되어도 좋을, 부르다가 내가 죽어도 좋
을 이름과 영원한 작별을 하는 마당, 죽지 못하고 남아 있는
것이 죽음만큼 견디기 힘겨운 자리, 그 현장에 서 있기 때문
이지요. 하늘과 땅 사이는 아무리 절규해도, 아무리 목 놓아
소리 질러도, 그 부르는 소리는 비껴만 가는, 완전히 절대적
인 거리인 것입니다.

삶과 죽음은 그런 겁니다. 너무 넓어 전해질 리 없건만 그걸 알면서도 부르다가 내가 죽더라도 불러야만 하는 것, 죽어도 아니 눈물 흘리는 것이 아니라 죽도록 눈물 흘려도 채워지지 않는 것, 그래서 혼을 불러내는 겁니다. 육신이 가닿지 않는 세계로 가버린 그의 영혼을 부르다가 내가 죽을 각오로 불러내는 것, 그것이 초혼의 세계였습니다. 절제를 할 때는 절제를 해서 최고의 시를 빚고, 토해낼 때는 절규를 해서 절창을 지어내니, 이러니 어찌 "소월, 소월!" 하지 않을 도리가 있겠습니까.

지금까지 소월 시의 텍스트만이 아니라 콘텍스트, 곧 그의 개인사와 문학사와 근대사를 아울러 들여다보았습니다. 왜 소월이고 왜 진달래꽃인지, 왜 전통시인이고 왜 근대시인인지, 왜 그가 위대한 시인인지 조금 납득이 가셨으면 좋겠습니다. 그럼 이제, 비록 영변 약산 진달래꽃은 뿌려주지 못하더라도, 우리도 다 같이 그의 이름, 소월을 소리쳐 불러보는 겁니다. 하늘에서 그의 혼이 듣고서 꽤나 고마워할지 모릅니다.

2부

근대를 지향한 시인, 이상

앞서 살펴본 김소월이 우리 근대문학에서 전통 지향성을 대표하는 시인이었다면, 이번 장에서 만날 이상은 근대 지향성을 대표하는 작가라 할 것입니다. 이상은 서구의 모더니티를 통해 우리의 근대문학을 개척하고자 애쓴 시인이요, 소설가요, 수필가였습니다.

이상의 생애에 관한 실증적 연구는 꽤 많이 진척된 편입니다. 그리하여 이상에 관한 항간의 소문과 오류들도 많이 바로잡히고, 그의 작품집 원문 확정 및 주석·주해 작업도 엄청난 성과를 이루었습니다. 물론 쉽지 않은 과정이었습니다. 가령 이상의 부모 이름 정도면 간단히 확정되었을 성싶은데 그조차 그렇지 않았고, 이상의 동경 하숙집 주소 하나를 정확히 알아내기 위해 자신의 귀한 시간과 경비와 노력을 아낌없이 바친 학자도 있었습니다.

그럼에도 여전히 세상에는 이상에 관한 잘못된 정보가 많이 돌고 있습니다. 개중에는 천재나 신화 만들기와 연관된 것들은 물론, 질 낮은 호기심과 자극을 노린 허구도 적지 않습니다. 이상의 속을

다 알 수야 없겠지만, 굳이 그러지 않아도 이상은 충분히 이상하게 이상을 추구한 사람입니다. 여러분은 이상의 초상화를 어떻게 그리시겠습니까? 이제 함께 이상의 본모습을 찾아가보도록 하겠습니다.

4.
이상과 그의 시대
─도시 문명 속의 날개 잃은 천재

슬픈 가정환경 조사서

이상李箱. 본명 김해경金海卿. 그는 우리나라가 일본에 강제 병합되던 해인 1910년 9월 23일 서울 종로구 사직동 165번지에서 태어났습니다. 집안 형편은 넉넉한 편이 아니었어요. 훗날 그는 〈슬픈 이야기〉(1937)라는 글에서 자신의 부모를 이렇게 묘사했답니다.

나는 팔짱을 끼고 오랫동안 잊어버렸던 우두 자국을 만져 보았습니다. 우리 어머니도 우리 아버지도 다 얽으셨습니다. 그분들은 다 마음이 착하십니다. 우리 아버지는 손톱이 일곱밖에 없습니다. 궁내부 활판소에 다니실 적에 손가락 셋을 두 번에 잘리우셨습니다. 우리 어머니는 생일도 이름도 모르십니다. 맨 처음부터 친정이 없는 까닭입니다.

일자리를 잃은 아버지 김영창金永昌은 작은 이발소를 차렸습니다. 어머니 이름은, 항간에는 박세창이라 전해지기도 하지만, 제적등본상으로는 그저 박씨라고만 전합니다. 아마도 고아였을 듯합니다.

이렇듯 가난한 집안의 장남으로 태어난 해경은 막 두 돌이 지난 후 친부모의 곁을 떠나 백부 김연필金演弼의 집으로 들어갑니다. 상공업에 종사해 재산을 모으기도 하고 조선총독부 기술직 관리로도 지낸 백부는 살림은 넉넉했으나 본처와의 사이에 소생이 없어 대를 잇지 못할 형편이었죠. 그래서 아우 영창이 둘째 아들, 곧 해경의 동생을 낳게 되자 장조카인 해경을 자신의 집으로 불러들였던 겁니다.

백부는 해경을 친자식처럼 키웠다고 해요. 엄하면서도 자애로운 부성을 베풀었지요. 당시 고등보통학교를 나와 전문학교까지 다닐 수 있었던 것은 웬만한 중산층 집안이 아니고서는 꿈도 꿀 수 없는 일이었습니다. 해경이 백부의 지지를 받으며 경제적으로 유복하게 자랐던 건 분명한 사실입니다. 그러나 정서적으로도 행복했으리라 단정하기는 힘듭니다.

문제는 백부가 애 하나 딸린 여자를 첩실로 맞아들이면서 일어났습니다. 한동안 해경은 두 명의 큰어머니와 한집에 살아야 했습니다. 급기야 해경이 경성고등공업학교 건축과에 입학하던 해에 백부는 본처를 내쫓고 소실과 그의 아들을 자신의 호적에 입적시켜버립니다. 갈 곳 없게 된 본래 큰어머니는 해경의 친부모 집으로 들어와 함께 지내고, 새 백모가 안방을 차지하게 된 것입니다. 그리하여 훗날 해경이 스물한 살 되던 해, 백부가 뇌일혈로 급작스레 세상을 떠나자 집안의 가계를 이어받는 호주 자리는 백부의 핏줄도 섞이지 않은 바로 그 후처 아들의 몫이 되고 말았습니다.

뛰어난 학업 소개서

다시 어릴 적으로 돌아가볼까요. 여덟 살이 된 해경은 서울 누상동 인왕산 자락에 있던 신명학교에 입학을 합니다. 동기 중에서 가장 나이가 어렸던 해경은 네 살 위 구본웅(1906~1953)과 만나 평생의 친구가 됩니다. 내성적이었던 해경과, 등이 굽은 신체적 장애로 인해 따돌림을 겪던 본웅 두 사람은 그림 그리기에 열중하며 화가가 되기를 함께 꿈꾸었습니다.

어린 시절, 해경은 길가에 버려진 화투 목단 열 끗짜리를 똑같이 그려내서 사람들을 놀라게 하는가 하면, '칼표' 담뱃갑에 그려진 도안을 어떻게나 잘 옮겨 그렸는지 어머니가 오래도록 간직해두었다고도 할 정도로 그림에 대한 취미와 실력이 남달랐답니다. 구본웅도 마찬가지였어요. 다만 백부의 반대로 해경은 정식 미술 공부를 할 수가 없었던 반면, 구본웅은 부유한 집안에서 태어난 덕에 일본으로 건너가 가와바타 미술학교 등을 다니며 전문적인 수업을 받아 결국 화가로서 명성을 날릴 수 있었습니다. 그러나 해경은 그림 그리기를 멈추지 않았고 솜씨 또한 나날이 성장을 거듭합니다.

해경은 신명학교를 졸업하고 동광학교로 진학했다가 보성고등보통학교에 편입합니다. 우리나라 최초의 서양화가 고희동(1886~1965)이 미술교사로 있었던 보성고보는 장발(1901~2001), 도상봉(1902~1977) 같은 우리 근대 화단의 거장들과 한국 최초의 미술사학자 고유섭(1905~1944) 등을 배출한 학교였습니다. 이런 학교의 교내 미술전람회에서 해경은

<풍경>이라는 유화 그림으로 당당히 1등상을 차지하게 됩니다.

보성고보를 졸업한 1926년, 해경은 지금의 서울대학교 공과대학 전신에 해당하는 경성고등공업학교로 진학합니다. 경성고공은 일제가 식민지 조선에 설립한 유일의 이공계 관립 고등교육기관이었습니다. 이 학교는 건축과, 토목과, 염직과, 응용화학과, 요업과, 광산과 등의 전공을 두고 있었고, 각 전공마다 도쿄제국대학 출신의 교수진들이 일본 본토와 동일한 내용을 동일한 수준으로 지도했다고 합니다.

그중에서도 해경은 건축과 전공을 지망합니다. 비록 세상이 어떻게 바뀌어도 기술자는 배곯지 않는다는 백부의 소신에 따라 미술의 꿈을 접고 경성고공으로 진학을 하게 됐지만, 전공만은 그래도 미술과 관계가 깊은 건축과를 선택한 것으로 보입니다.

해경이 입학한 해, 건축과 합격생은 모두 13명, 그중 조선인은 단 두 명뿐, 나머지는 모두 일본에서 건너온 유학생들이었습니다. 그나마 다른 조선인 학생 한 명마저 중도탈락하게 되면서 해경은 건축과 내 유일한 조선인 학생이 됩니다. 그런 환경에서도 해경은 매년 건축과 수석을 차지하였고, 결국 졸업도 수석으로 하게 됩니다.

'이상'이란 이름으로 거듭나기

경성고공 재학 중 해경은 미술부 활동도 열심히 한 것으로
알려져 있습니다. 졸업앨범의 표지 도안은 물론 사진의 편
집, 배열, 주소록 작성에 이르기까지 모두 해경이 도맡을 정
도였습니다. 한데 이 앨범 주소록 바로 앞쪽에 졸업생들이
저마다 남기고 싶은 말 따위를 친필로 적어 넣는 공간이 있
었어요. 해경이 남긴 글과 글씨도 물론 들어 있었죠. 그는
이렇게 적었습니다. "보고도 모르는 것을 폭로시켜라! 그것
은 발명보다도 발견! 거기에도 노력은 필요하다. 이상李箱"
이라고 말이죠.

　내용도 내용이지만 여기서 주목해야 할 것은 '이상李箱'이
라는 친필 사인입니다. 이상이라는 필명의 유래에 대해 한
동안은, 1930년 무렵 어느 건축 공사장 현장에서 한 인부가
김해경을 일본식 발음으로 '긴상金樣'이라고 불러야 할 것을
이 씨로 착각해 '이상李樣'이라고 잘못 부른 데서 비롯됐다
고 알려지기도 했습니다. 하지만 1929년도 경성고공 졸업
앨범에 이미 이상이라는 필명이 이처럼 버젓이 쓰이고 있

었던 겁니다.

이상의 유래에 대해 최근에는 구본웅의 조카 구광모의 진술이 설득력을 얻고 있습니다. 그에 따르면 1926년 보성고보 졸업 및 경성고공 입학 축하선물로 친구 구본웅이 사생상寫生箱, 곧 화구 상자를 건네자 해경이 감격하면서 선물에 대한 감사의 표시로 자기 아호에 상자를 의미하는 '상箱'을 넣겠다며 흥분했다고 합니다. 이어서 해경은 필명으로 쓰게끔 아호의 첫 글자는 흔한 성씨에서 따오는 게 어떻겠느냐 하면서 사생상이 나무로 만들어졌으니 나무 목木이 들어간 성씨 중에서 골라보자 하다가, 마침내 해경이 다양성과 함축성을 지닌 '이상李箱'을 제안하자 구본웅도 감탄을 하며 좋아했다는 겁니다. 아마도 이상理想, 이상異常, 이상以上 등의 다의성이 매혹적으로 들렸을 테죠. 아무튼 이것이 사실이라면 해경은 이상이라는 아호를 경성고공 시절부터 써온 셈이니, 1929년 졸업앨범에 '이상'이라는 이름이 등장하게 된 것도 이로써 자연스레 설명이 됩니다.

필명 혹은 아호를 가지고 이야기를 길게 한 데에는 이유가 있습니다. 본디 아호란 사람의 이름을 직접 부르는 게 예의에 어긋난다고 여긴 유교 문화권에서 별칭 삼아 편하게

부르도록 짓는 것으로, 우리 근대 문인들도 거의 다 아호를
필명 삼아 갖고 있었습니다. 소월 김정식, 목월 박영종처럼
말입니다. 하지만 우리가 소월과 목월을 김소월, 박목월이
라고는 부르지만, 이상은 오직 이상일 뿐 '김이상'이라 부르
지는 않습니다.

일반적으로 자기 성씨를 혼동하게끔, 그것도 의도적으로
그렇게 아호를 짓는 법은 없습니다. 우리 민족에게 '성姓'이
란 얼마나 소중하고 귀한 존재이던가요. 오죽하면 그 '성'
을 걸고 맹세까지 하겠습니까. 그런데 김해경은 제 스스로
강릉 김씨를 반납하고 이씨처럼 들리게끔 작명을 하고서는
좋아하고 있는 것입니다.

이상이라는 필명의 작명과 선택은 어쩌면 낡은 가문, 전
통, 관습 같은 껍데기를 벗어버리고자 하는 의지와 노력의
일환일지 모릅니다. 김해경이든 이상이든 그 성씨와 이름
이란 한갓 기호에 지나지 않는다는 것, 나는 김씨 가문의 후
손으로 존재하는 것이 아니라 근대인 그 자체로 있을 뿐이
라는 것, 그런 선언이 아닐까요. 가뜩이나 그 가문이란 것이
자신에게 해준 것도 없이 억압만 해대지 않았던가요.

그러기에 이상은 〈날개〉 도입부에서 "19세기는 될 수 있

거든 봉쇄하여 버리"라고 하지 않았겠습니까. 근대를 지향하는 개인으로서의 선언, 이상이라는 이름으로 살아가는 데에는 그런 의미가 담겨 있었을 것입니다. 김해경은 이제 이상이라는 이름으로 근대를 향해 비상하고자 했던 것이 아닐까요.

건축기사, 화가, 그리고 시인

경성고공을 수석으로 졸업한 이상! 수석졸업자에게는 학교의 추천을 통해 조선총독부 내무국 건축과 기사에 임용될 수 있는 커다란 혜택이 있었습니다. 덕분에 이상은 조선총독부의 관리가 됩니다. 당시 조선인 형편에서 보자면 부러움을 살만한 매우 안정적인 자리였습니다.

총독부 건축과 기사로 근무하면서도 이상은 화가의 꿈을 접지 않았습니다. 이상은 1929년 5월 조선건축회에 정회원으로 입회합니다. 조선건축회는 학회지《조선과 건축》의 표지화 디자인을 매년 현상 공모해오고 있었는데 이상은 입회한 바로 그해 연말에 두 편을 응모, 각각 1등과 3등에 선정되어 이듬해인 1930년《조선과 건축》표지화로 수록되는 성과를 얻게 됩니다. 여기서 더 나아가 조선총독부가 매년 주관해오던 조선미술전람회에 1931년 서양화 〈자상自像〉을 출품하여 입선까지 하게 되죠.

그의 재능은 미술에 그치지 않고 시와 소설 등 문학으로 그 영역을 확장했습니다. 총독부가 발간하던 잡지《조선》 국문판 1930년 2월호부터 12월호에 걸쳐 그의 첫 소설이자 유일한 장편소설인《12월 12일》이 연재되었고, 1931년 7월에는 일본어로 쓴 시 〈이상한 가역반응〉 등을《조선과 건축》에 발표합니다. 이후 8월에는 일문 연작시 〈조감도〉 등이, 10월에는 연작시 〈삼차각설계도〉 등이 이어짐으로써 이상은 1931년 한 해에만 20여 편의 시를 남기는 왕성한 창작활동을 보입니다.

그러나 건축가라는 전문직업인으로서, 화가와 시인을 겸한 예술가로서, 그렇게 전도양양하고 활기차던 인생도 잠시, 바로 그해 1931년 어느 가을날, 이상은 건축 현장 감독으로 일하던 중 피를 토하며 쓰러집니다. 고작 스물두 살 나이에 그는 폐결핵 진단을 받습니다. 병환은 심각한 상태였습니다. 죽음의 공포에 떨면서 이상은 조선총독부 건축기사직을 내려놓고 붓과 펜마저 잠시 손에서 놓게 됩니다.

금홍과 함께 한 다방 '제비' 시절

1933년 폐결핵 치료차 황해도 배천온천白川溫泉으로 요양을 떠난 이상은 그곳에서 기생 금홍과 만납니다. 급기야 그들은 경성에서 동거생활을 시작합니다. 정식 부부는 아니지만 이상은 금홍을 아내 삼아 참으로 사랑했노라고 썼습니다.

1933년 6월 이상은 청진동의 조선광무소 건물 1층을 세내어 다방 '제비'의 문을 열고 금홍을 마담 자리에 앉힙니다. 바둑판 모양의 네모진 두꺼운 유리창을 끼운 현대식 인테리어 감각 덕택에 다방 '제비'는 겉으로 보기에는 꽤 근사해 지나는 사람의 눈길을 끌었다고 합니다. 1934년 5월 《삼천리》에 실린 〈끽다점평판기喫茶店評判記〉를 보면, '제비'는 경성 모던보이와 모던걸들의 눈길을 끄는 명소로 소개될 정도였습니다.

하지만 한때 세간의 관심을 끌고 화제가 되었던 다방 '제비'는 사업 측면에서는 결국 성공적이지 못했습니다. 박태원의 콩트 속 삽화에서처럼, 마담은 어딜 가고, 전화는 떼어 가고, 축음기는 팔아먹고, 그래서 늘 손님이 없는, 속된 말로 파리만 날렸다고 합니다. 다방은 이상의 친구들이나 가끔 들를 뿐 늘 비어 있었고, 사방의 흰 벽에는 아무 장식도 없이 동쪽 벽에 커다란 자화상 한 점만 덩그렇게 걸려 있었을 뿐입니다.

그 자화상은 아마도 조선미술전람회에서 입상한 유화 〈자상〉이었을 겁니다. 안타깝게도 이 그림은 조선미술전람회 도록의 흑백 도판으로만 남아 전해질 따름입니다. 문우들의 회고에 따르면 황달 걸린 사람 같다고 할 정도로 누런빛이 음울했다고 하고, 또 어떤 이는 이 작품이 세잔의 자화상을 연상케 하지만 마티스의 그림에서 보는 부드러운 맛에 가까워 몽롱하고 아름다운 세계를 겨눈 것 같았다고도 전해집니다.

이 자화상 속 이상이 한복 차림인 것은 주목할 필요가 있습니다. 실은 평소에도 이상은 한복을 즐겨 입었다고 합니다. 이상의 정식 아내였던 변동림은 "처음 이상을 만났을 때 이상은 밤색 두루마기의 한복차림이었고 쭉 한복을 입었다"라고 회고한 바 있습니다. 이런 차림 때문에 하루 한 번씩 일본 경찰과의 언쟁을 각오할 정도로 검문에 자주 걸리면서도 이상은 한복을 고수했다고 그녀는 전합니다. 어머니가 거두어주시는 한복이 편하다며 이상이 즐겨 입었다는 것입니다.

그나저나 도대체 이상의 다방은 왜 망했을까요. 일단 자

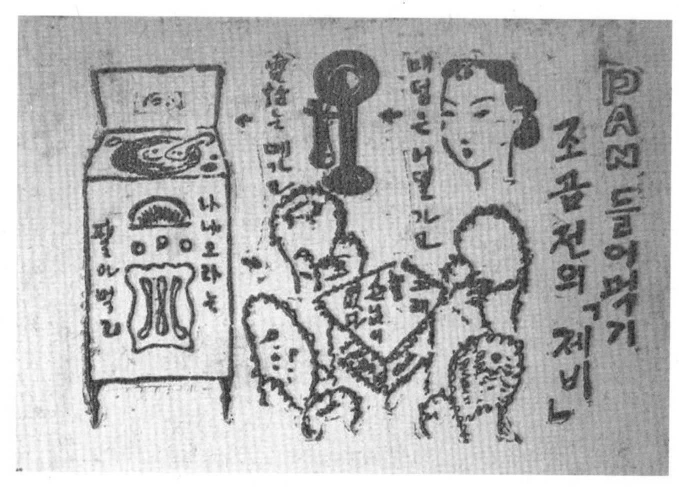

마담도 없고, 손님도 없던 다방 제비의 모습을 담았다. 박태원, 〈자작자화 유모어콩트 제비〉, 〈조선일보〉(1939.2.22)

본에서 밀렸습니다. 가령 이상 자신도 즐겨 드나들었던 다방 '낙랑파라'와 비교해 볼까요? '낙랑파라'는 1층은 다방, 2층은 화실로 꾸민 한양절충식 건물이었는데 내부로 들어오면 등나무 의자와 테이블에 야자수까지 들여놓은, 서양의 호텔이나 카페 같은 인테리어 디자인을 동원함으로써 꽤나 이국적인 분위기를 자랑했다고 합니다. '낙랑파라'가 시설비와 자본을 합쳐서 2,000원 정도 들였다고 전해지는 반면 '제비'는 백부의 유산에다가 집문서까지 저당잡혀 마련했음에도 고작 300원 남짓한 자금으로 시작하였으니 애초부터

다방 '제비'에 걸려 있던 이상의 자화상 〈자상〉. 조선미술전람회에서 이 그림으로 입선했다.

경쟁의 대상이 되질 못했던 셈입니다.

그러나 반드시 경제적 자본의 탓만은 아니었던 것으로 보입니다. 박태원의 지적대로, 도대체 마담은 어딜 간 걸까요. 마담 탓만도 아닌 게 주인 이상이라고 다를 바가 없어 보입니다. 친구 박태원은 이상이 가난한 원인으로 그의 게으름을 들었습니다. '제비'가 경영난에 허덕일 때 신촌 이화여

전 신축 공사장의 현장 감독 일자리가 들어왔답니다. 하지만 그는 딱 하루 일을 나가고선 그만두고 언제나처럼 '제비' 뒷방에서 늦잠을 자더랍니다. 심지어 '제비' 집주인이 소송을 걸었을 때에도 도저히 오전 9시까지 법원 출두를 할 수가 없어 그만 불리한 결석 판결을 그대로 받아들여야 했다는 겁니다. 쉬이 피곤해지는 폐결핵 증상을 감안하면 불쌍한 마음도 들긴 합니다. 그럼에도 그의 게으름은 너무나 철저했다며 박태원은 몹시 안타까워했습니다.

결국 다방 '제비'는 2년도 채우지 못하고 문을 닫게 됩니다. 금홍이도 이상의 곁을 떠나갔고요. 이후 여러 다방을 열었다 접었다 거듭했지만 모두 실패로 끝나고 맙니다.

동터오는 이상의 시대

그러나 다방 '제비'는 경영상으로는 실패일지 몰라도 이상의 문학 세계, 아니 우리 근대문학사에 있어서는 엄청난 성취의 공간이었습니다. 어차피 손님도 별로 없고 다방은 늘 비어 있었으니, 이때부터 '제비'는 박태원을 비롯해 이태준, 김기림, 정인택, 윤태영, 조용만 등 당대 일급 문인들의 살롱이 됩니다. 마치 다양한 분야의 예술가들이 모여들어 서로

영감을 나누며 창조와 혁신의 시대를 이끌어간 프랑스 파리의 몽마르트르나 몽파르나스처럼, 불우한 예술가들의 '구락부'를 위한 경성의 복합 문화예술 공간이 되어준 것이지요.

모차르트의 음악과 당대 최고의 바이올리니스트 미샤 엘만의 랄로 협주곡이 흘러나오는가 하면, 프랑스 영화의 황금기를 연 르네 클레르 감독의 영화에 대해 열띤 토론을 나누는 곳, 그곳이 바로 다방 '제비'였습니다. 미술이 화제가 될 때면 인상주의는 기본, 앙리 마티스와 파블로 피카소가 심심찮게 등장하고, 문학으로는 쥘 르나르에 감동하다가 기욤 아폴리네르의 초현실주의까지 넘나들며 논쟁을 일삼았고, 만능 엔터테이너인 장 콕토에 매혹당해 감탄을 연발하던 공간, 이것이 다방 '제비'의 진면목이었던 겁니다.

이러한 풍속도의 중심에는 이상이 있었습니다. 그는 이런 살롱의 분위기를 주도하는가 하면, 그 속에서 멤버들과 교류하고, 그들로부터 문학적 재능을 인정받게 되어 비로소 문단에 발을 들여놓게 됩니다. '제비'를 통해 이상은 건축도 그림도 아닌, 문학적 글쓰기로써 새로운 욕망의 출구를 찾게 된 셈입니다.

다방 '제비'를 드나들며 이상에게 먼저 관심과 호감을 보인 이는 소설가 박태원이었습니다. 두 사람은 항상 붙어 다녔다고 합니다. 이상의 사생활을 누구보다 잘 알고 이해해주는 이가 박태원이었고, 박태원의 작품 세계에 직접적인 영향을 준 이가 바로 이상이었답니다. 그런가 하면 당대 최고의 시인이었던 정지용 또한 이상의 시적 재능에 주목했습니다. 그는 자신이 주재하던 잡지 《가톨릭청년》에 이상의 시를 발표할 수 있도록 배려하고 주선해주었습니다.

그러나 문단의 주목을 받으려면 더 강력한 한 방이 필요했습니다. 박태원은 이상과 함께 소설가이자 〈조선중앙일보〉 기자였던 이태준을 만납니다. 과연 일반 신문 독자인 대중이 이상의 난해한 시를 받아들일 수 있을지 우려하지 않은 건 아니지만, 이태준은 학예부장에 취임하자마자 이상의 〈오감도〉와 박태원의 〈소설가 구보 씨의 일일〉에 지면을 제공하는 과감한 결단을 내리게 됩니다. 게다가 이상은 '하융'이라는 이름으로 박태원 연재소설의 삽화가 역할까지 겸하게 되었죠. 시인이자 화가로서 자신의 솜씨를 만방에 알리는 기회를 얻게 된 것이죠. 드디어 이상의 시대가 열리는 걸까요?

이상과 구인회

당시는 1920년대 중반에 결성되어 문단의 헤게모니를 강고히 쥐고 있던 카프KAPF가 쇠퇴해가던 시절이었습니다. 그러나 그 영향력은 여전히 만만치 않았습니다. 이에 대항하여 문학의 자율성과 순수성을 지향하는 모더니스트 문인들끼리 형성한 단체가 바로 구인회였습니다. 구인회의 출범은 소박했어요. 구속력이 강하지도 않았고, 카프처럼 강령이나 내규, 조직이나 직제 같은 것도 두지 않은 일종의 친목 단체로 시작했답니다. 아마도 카프의 경직된 사상과 조직에 대한 반발의 뜻도 담겨 있었을 테지요.

1933년 8월 창립 모임이 중국 요릿집 아서원에서 열렸습니다. 창립 멤버로는 이태준, 정지용, 이종명, 이효석, 유치진, 이무영, 김유영, 조용만, 김기림 등 아홉 명이 이름을 올렸고, 단체의 명칭은 구인회九人會로 정했습니다. 당시 일본의 프롤레타리아예술가동맹인 나프NAPF에 대항한 신흥예술파 단체 '13인 구락부'를 모방하는 느낌이 든다며 반대하는 의견도 있었지만, 이태준의 고집으로 그렇게 정해졌다고 합니다.

결성 당시 구인회 멤버들의 면면은 당대 문인들 가운데서도 내로라하는 인사들만의 모임이라 해도 지나치지 않습니다. 조용만이 박태원과 이상을 누차 추천했지만 그때만 해도 그들은 아직 그 명단에 들 수가 없었을 정도였죠. 하지만 구인회는 결성하는 바로 그 시점부터 균열의 조짐을 보이고 맙니다. 하나 둘 탈퇴가 이어지더니, 끝내는 이태준, 정지용, 김기림만이 남게 되었고, 이에 이들이 주축이 되어 새로 신입회원을 가입시키게 됩니다. 그리하여 이상도 구인회에 가입하게 되는데, 시기는 아마도 그가 〈오감도〉 연재로 문단의 주목을 받은 다음인 1934년 가을 이후의 일로 짐작됩니다. 박태원은 이상보다 조금 앞서 구인회 활동을 하고 있었고요. 그리고 이 두 사람은 이태준, 정지용, 김기림 등 초창기 멤버와 더불어 이 구인회를 끝까지 지킨 회원으로 남게 됩니다.

구인회 멤버들 가운데서도 앞서 말한 대로 이상과 박태원이 매우 절친한 사이였다는 것은 잘 알려진 사실입니다. 서울 태생의 이 두 사람은 우정을 넘어 서로 천재를 자처·타처하면서 당대 문학은 물론 다양한 첨단의 문화까지 흡수하고자 했던 예술적 동지였습니다.

종래의 소설 문법과는 전혀 다른 이상의 〈날개〉와 박태원의《천변풍경》이 출현했을 때, 이 낯선 풍경 앞에서 문단은 숨을 죽여야 했습니다. 모더니즘을 경시하고 리얼리즘에 편향됐던 카프 쪽은 이들의 문학이 내성소설과 세태소설에 불과하다고 비판했지만, 당대의 평론가 최재서는 《천변풍경》은 리얼리즘의 확대요, 〈날개〉는 리얼리즘의 심화라 받아쳤지요. 그렇게 〈날개〉 발표 이후 이상은 일약 문단의 스타가 됩니다.

구인회 시절, 이상이 창작만 열심히 한 것은 아닙니다. 구인회의 기관지인 《시와 소설》도 발간했습니다. 창문사라는 출판사의 사주였던, 이상의 오랜 친구 구본웅이 출간에 원조를 했고, 편집 또한 이상이 도맡았기에 가능한 일이었습니다. 《시와 소설》에 실린 구인회 회원 명단에는 박팔양, 김상용, 정지용, 이태준, 김기림, 박태원, 이상, 김유정, 김환태 등 아홉 명이 올라 있습니다. 이 가운데 김유정은 이상이 우격다짐으로 이태준을 설복한 덕에 가입이 이루어진 겁니다. 이는 그만큼 구인회 내에서 이상의 영향력이 커졌다는 방증이기도 합니다.

그렇듯 이상은 구인회 및 《시와 소설》 활동에 열정적으로 몸담았습니다. 야심 찬 기획도 세웠습니다. 하지만 구인회 회원들은 게을렀고《시와 소설》은 독자 대중에게 외면당했습니다. 1930년대 후반으로 접어들면 김기림과 박태원도 슬슬 모더니즘의 한계를 의식하기 시작하고, 이태준과 정지용은 상고尙古 취미에 빠지면서 고전의 세계로 가까이 다가갑니다. 이제 화려한 날들은 가고 어느새 끝이 보이는 나날이었을 겁니다. 그 뒤를 조용만은 이렇게 간단히 정리했답니다. "활동가이던 이상이 동경에 간 뒤에 구인회는 흐지부지 소멸되어버렸다"라고.

변동림과의 결혼과 동경행

1935년 여름과 초가을 사이, 성천을 다녀온 이상은 그 이듬해인 1936년, 기적의 해라고 불러도 좋을 만큼 엄청난 양의 창작물을 쏟아냅니다. 이런 와중에 이상의 생애에서 결정적인 사건이 발생합니다. 그 하나는 변동림(1916~2004)과 결혼한 일이고, 다른 하나는 고작 여름 한철 신혼생활을 같이 보낸 뒤 혼자서 동경으로 떠난 일입니다.

변동림은 경성여고보를 나와 이화여전 영문과를 다닌 인텔리 여성이었습니다. 변동림은 이상의 친구 구본웅의 이복 이모였습니다. 그녀는 오빠가 동업자로 있던 카페 '낙랑파라'를 자주 드나들었습니다. 이상도 단골이었죠. 그녀에 따르면 거기서 자신을 본 이상이 오빠를 졸라 만남이 이루어지게 되었다고 합니다. 그때 이상이 스물여섯, 동림은 스무 살이었습니다.

두 사람은 날마다 만났습니다. 죽음까지 약조할 정도로 사랑을 나눕니다. 동림은 조그만 가방 하나 들고 집을 나와, 이상과 더불어 '낮과 밤이 없는 밀월'의 시간을 보내게 됩니다. 그러자 양가 모친이 서둘러서 정식 혼례를 치르게 합니다. 드디어 1936년 6월 두 사람은 일가친척과 구인회 동인 몇몇이 참석한 가운데 신흥사에서 결혼식을 올립니다.

그토록 사랑해 결혼을 했건만, 신혼생활이 달콤하기만 했던 것 같지는 않습니다. 신혼집으로는 동소문 밖 개울가 작은 집을 구했다가 나중에 한 달 정도는 황금정 쪽, 지금의 청계천 4가에서 을지로 4가로 가는 수하동 구석진 뒷골목에서 살았다는데, 서정주의 기억에 의하면 최하급 일본식 건물, 박쥐나 한두 마리 넣어둠직한 그런 집이었다고 합니다.

그렇게 불과 넉 달 남짓한 신혼생활을 보내고, 이상은 홀연히 동경으로 떠나버립니다. 변동림에 의하면 경제적 사정이 넉넉하지 않아 일단은 이상만 동경으로 가고 자신은 추후 합류

할 계획이었다고 하지만, 그 자세한 전말은 알 수가 없습니다. 당최 그는 동경을 가면 체류 기한을 어느 정도로 잡고 가는 것인지, 동경에서 생계는 어떻게 마련할 것인지, 무엇을 보고 무엇을 하며 살지 등등 구체적인 계획을 밝힌 적도 없습니다.

하지만 그 결심이 어느 날 갑자기 이루어진 건 아닙니다. 진작부터 이상은 만나는 사람마다 자신이 동경에 갈 것이라 호언을 하고 허언을 해댔다고 합니다. 왜일까요? 동경東京에 대한 막연한 동경憧憬이었을까요? 식민지 청년 지식인으로서 제국의 중심, 그 심장부 동경을 꿈꾸던 이가 얼마나 많았습니까. 이광수, 김동인, 염상섭 같은 문단의 선배들부터 그러했고, 문단의 좌파 진영도 더하면 더했지 덜하지 않았으며, 이상과 함께 어울렸던 무리들, 곧 정지용, 박태원, 김기림, 이태준 등 모두가 일본 유학파들이었습니다.

책으로 배운 연애처럼, 동경이라는 모던한 공간도 직접 경험해보지 못하고, 서구 문단은커녕 일본의 근대문학 현장도 접해보지 못했으면서 경성 문단의 기린아로 지내다니! 자타가 공인하던 최고의 모더니스트 이상은 우월감과 콤플렉스를 동시에 느꼈을지도 모릅니다. 운명의 전환이 필요했던 그에게 동경은 탈출과 기회의 땅이었을 겁니다.

이상, 동경에서 죽다

드디어 이상은 동경에 도착합니다. 1936년 10월 하순경입니다. 동경역 가까이에서 하숙집을 구해놓고 진보초의 고서점가와 긴자 거리를 거닐며 신주쿠의 환락가와 동양의 랜드마크였던 마루노우치 빌딩을 구경하기도 했습니다. 아마도 그동안 이상이 꿈꾸었던 제국 일본의 수도 동경은 현대 문명을 상징하는 공간 그 자체였을 겁니다. 허나 이상은 동경이라는 도시가 그런 공간이 못됨을 금세 알아차립니다. 동경에 도착한 후 김기림에게 보낸 첫 번째 편지에서 이미 이상은 동경에 대한 실망을 이렇게 표합니다.

기어코 동경東京 왔소. 와 보니 실망이오. 실로 동경이라는 데는 치사스런 데구려!

동양에서는 최고의 도시임을 자랑하던 동경조차 이상의 눈에는 치사하기 짝이 없어 보였습니다. 근대 서구 문명의 껍데기만 겨우 흉내 낸, 요즘 말로 짝퉁에 불과한 것이 진품 행세를 하고 있다는 겁니다. 그는 그것이 구역질난다고까지 했습니다.

동경을 말로만 듣고 머리로만 상상하던 이상은 마루노우치 빌딩을 마주하고서도 실망을 금치 못합니다. 자신이 상상한 규모의 4분의 1에 불과했다는 이유로 말이지요. 〈날개〉의 배경이 된 미쓰코시백화점보다 몇 배나 더 큰 규모였건만, 이상의 기대에는 한참 미치지 못할 따름이었습니다. 하기야 뉴욕 브로드웨이의 마천루를 접해도 환멸을 느낄지 모른다고 그 스스로 말하지 않았습니까.

이상은 몸도 축나고 미치거나 자살할 것 같다며 동경 생활을 푸념합니다. 자신감은 점차 사라져가고, 생활은 생활대로, 대체 어떻게 하면 좋을지 모를 일이 한두 가지가 아니어서 결국 김기림더러 부디 동경으로 와서 좀 만나달라고 애걸하다시피 할 정도였습니다. 음력 섣달그믐, 그러니까 양력으로 1937년 2월 10일 기림에게 쓴 편지에는 '향수가 대두하오'라고 쓰고 있어요. 봄이 되면 이상은 경성으로 돌아가려 했습니다.

그러나 이번에도 일은 뜻대로 풀리지 않았습니다. 1937년 2월 중순경 불령선인不逞鮮人, 곧 불온하고 불량한 조선 사람이라는 이유로 붙잡혀 이상은 니시간다 경찰서 유치장에 한 달가량 구금됩니다. 병보석으로 풀려난 것이 3월 13일 경이니, 그렇잖아도 잦은 발열로 기동을 못할 정도였는데 그의 육신이 온전할 리 없었습니다.

건강이 급속히 악화된 이상은 동경제국대학부속병원에 입원합니다. 전보로 이 소식을 들은 아내 변동림이 동경까지 달려옵니다. 이상은 그녀를 끌어안고 어찌할 바를 모르며 좋아했다고 합니다. 마지막 행복은 짧았습니다. 며칠이 가지 않아 이상은 눈을 감습니다. 1937년 4월 17일 오후 3시 25분의 일이었습니다. 식어가는 그의 손을 변동림은 그때까지 놓지 않고 있었습니다.

이상이 남긴 묘지명

이상의 동경 체류 기간은 반 년 정도에 불과했습니다. 유치장에 한 달 구금되고, 병원에 입원한 기간을 빼면 넉 달 남짓한 정도일 겁니다. 게다가 그곳에 정착하고 적응하는 데 드는 시간까지 고려하면 너무나 짧은 기간이었습니다. 그런데도 그 성치 않은 몸으로 이상은 〈종생기〉, 〈권태〉, 〈슬픈 이야기〉, 〈환상기〉, 〈실락원〉, 〈실화〉, 〈동경〉 등을 동경에서 써냈습니다. 그는 적어도 문학적으로는 매우 성실하기까지 한 천재였습니다.

　　이상의 사망 소식이 전해지자 경성의 단짝 박태원은 〈이상의 편모〉라는 글을 통해 안타까운 심정을 이렇게 밝힙니다. "조선 문단이 이상을 잃은 것은 가히 애석하여 마땅한 일이나 그는 그렇게 계집을 사랑하고 술을 사랑하고 벗을 사랑하고 또 문학을 사랑하였으면서도 그것의 절반도 제 몸을 사랑하지는 않았다"라고 말입니다. 이때까지만 해도 박태원은 이상의 죽음과 관련해 그의 사인이나 유언, 전후 사정 등을 알지 못했습니다. 변동림이 화장 처리한 이상의 유해를 동경에서 경성으로 모셔오기 전이었기 때문입니다.

　　이상의 유해가 고국에 도착하기도 전인, 그러니까 이상이 사망한 후 열흘 정도 지난 시점에, 이상이 유서처럼 쓴 소설 〈종생기終生記〉가 잡지 《조광》에 먼저 실립니다. 이 〈종생기〉는 이상이 사망하기 5개월 전인 1936년 11월 20일 동경에서 탈고하여 잡지사에 보낸 것이었죠. 《조광》 측에서는 이상의 사망 직후인 4월 19일 인쇄를 마쳐 5월 1일자로 발간한 것이니 저자 소개 또한 '고故 이상'이 아닌 '이상'으로 나갈 수밖에 없었던 게 당연합니다. 따라서 박태원과 같은 입장에서 보면 이상의 죽음이 이름만 병사일 뿐 그 본질은 일종의 자살이 아니겠느냐 하는 의혹을 아니 가질 수 없었을 겁니다.

〈종생기〉에서 이상은 스스로 자기 인생을 이렇게 정리했습니다. 실제 사망일과는 불과 나흘 차였습니다.

묘지명墓誌銘이라. 일세의 귀재 이상은 그 통생通生의 대작 〈종생기〉 일편을 남기고 서력 기원후 1937년 정축丁丑 3월 3일 미시未時 여기 백일白日 아래서 그 파란만장(?)의 생애를 끝막고 문득 졸卒하다. 향년 만 25세와 11개월.

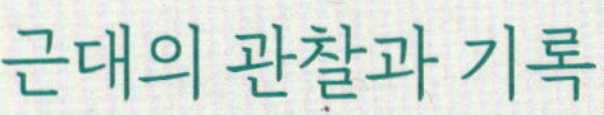

5.
근대의 관찰과 기록
- 근대에 관한 난해한 보고서 혹은 추상화

〈오감도〉 속으로

이제 이상의 문학 작품 속으로 들어가 봅시다. 앞에서 소월의 시를 읽을 때와는 아주 많이 다를 겁니다. 하지만 쉬워 보이던 것도 알고 보면 단순하지만은 않은 것처럼, 난해해 보이는 것 역시 알고 보면 오히려 더 흥미와 재미를 갖게 될 수 있답니다. 일단 이상의 시 〈오감도〉의 세계부터 살펴보도록 하죠.

13인의아해가도로로질주하오.

(길은막다른골목이적당하오.)

제1의아해가무섭다고그리오.

제2의아해도무섭다고그리오.

제3의아해도무섭다고그리오.

제4의아해도무섭다고그리오.

제5의아해도무섭다고그리오.

제6의아해도무섭다고그리오.

제7의아해도무섭다고그리오.

제8의아해도무섭다고그리오.

제9의아해도무섭다고그리오.

제10의아해도무섭다고그리오.

제11의아해가무섭다고그리오.

제12의아해도무섭다고그리오.

제13의아해도무섭다고그리오.

13인의아해는무서운아해와무서워하는아해와그렇게뿐이

모였소. (다른사정은없는것이차라리나았소.)

烏瞰圖　李箱　1

詩第一號

十三人의兒孩가道路로疾走하오.
（길은막달은골목이適當하오.）

第一의兒孩가무섭다고그리오.
第二의兒孩도무섭다고그리오.
第三의兒孩도무섭다고그리오.
第四의兒孩도무섭다고그리오.
第五의兒孩도무섭다고그리오.
第六의兒孩도무섭다고그리오.
第七의兒孩도무섭다고그리오.
第八의兒孩도무섭다고그리오.
第九의兒孩도무섭다고그리오.
第十의兒孩도무섭다고그리오.
第十一의兒孩가무섭다고그리오.
第十二의兒孩도무섭다고그리오.
第十三의兒孩도무섭다고그리오.
十三人의兒孩는무서운兒孩와무서워하는兒孩와그러케뿐이모였소.（다른事情은업는것이차라리나앗소）

그中에一人의兒孩가무서운兒孩라도좃소.
그中에二人의兒孩가무서운兒孩라도좃소.
그中에二人의兒孩가무서워하는兒孩라도좃소.
그中에一人의兒孩가무서워하는兒孩라도좃소.

〈오감도 시 제1호〉. 1934년 7월 24일부터 8월 8일까지 〈조선중앙일보〉에 연재되었다.

그중에1인의아해가무서운아해라도좋소.

그중에2인의아해가무서운아해라도좋소.

그중에2인의아해가무서워하는아해라도좋소.

그중에1인의아해가무서워하는아해라도좋소.

（길은뚫린골목이라도적당하오.）

13인의아해가도로로질주하지아니하여도좋소.

그 유명한, 혹은 악명 높은 〈오감도 시 제1호〉입니다. 1934년 7월 24일부터 〈조선중앙일보〉에 연재된 이상의 〈오감도〉는 원래 30회 연재를 기획하였으나 독자들의 빗발친 항의로 인해 8월 8일자를 끝으로 중단되고 맙니다. 독자들은 소리쳤습니다. 이게 무슨 시란 말인가? 웬 미친놈의 잠꼬대냐?

그나마 15회까지 갈 수 있었던 것도 당시 〈조선중앙일보〉 학예부장으로 있던 소설가 이태준이 안주머니에 사표를 지니고 다니면서 밀어붙인 덕이라고 합니다. 그러나 그도 더 이상은 버틸 수가 없었고, 결국 〈오감도〉 연재는 당초 기획의 절반 지점에서 멈춰서야만 했습니다.

물의를 일으킨 셈이지만, 정작 당사자인 이상은 당당하기만 했습니다. 그는 "왜 미쳤다고들 그러는지 대체 우리는 남보다 수십 년씩 떨어지고도 마음 놓고 지낼 작정이냐"라고 반문하는 한편, "내 재주도 모자랐겠지만 게을러빠지게 놀고만 지내던 일도 좀 뉘우쳐봐야 아니 하느냐"며 도리어 독자들을 훈계까지 합니다. 이상은 이번 연재가 자신이 쓴 이천 점의 시 가운데 삼십 점을 골라낸 것인데 "용대가리를 딱 꺼내어놓고 하도들 야단에 배암 꼬랑지커녕 쥐 꼬랑지도 못 달고 그만두니 서운하다"라고 아쉬움을 표하는 한편, "깜빡 신문이라는 답답한 조건을 잊어버린 것도 실수지만 이태준, 박태원 두 형이 끔찍이도 편을 들어준 데는 절한다"라며 감사를 표하는 예의도 잊지 않고 챙겼습니다.

과연 누구의 손을 들어주는 게 맞을까요? 지금 보면 이상의 천재성을 미처 알아보지 못한 당시 독자들의 무지가 원망스러울 수도 있지만, 솔직히 말해 우리도 그들보다 크게 나을 것은 없지 않을까요? 이 시가 결코 잠꼬대가 아니길 기대했던 많은 학자와 비평가들이 이 시의 해석에 매달려왔지만, 그 다양한 해설 또한 별무신통인 게 사실이니까요.

이상의 시를 마주하면 마치 고대 상형문자를 해독하는 고고학자의 심정이 되곤 합니다. 오죽하면 이상 시의 해석은 해석자의 수만큼 다양하다는 소리까지 할까요. 문학 전공자만이 아닙니다. 심심하다 할 만하면 어느 날은 수학자, 물리학자, 건축학자, 미학자 등 분야를 가릴 것 없이 드디어 이상 시의 비밀을 풀었다는 소식이 들려오곤 합니다. 그런가 하면 그의 생애와 예술 세계는 소설, 연극, 영화, 뮤지컬 등 다양한 문화예술 콘텐츠에 영감을 주며 지금까지도 새로운 변신과 탄생을 거듭하고 있습니다.

오감도와 조감도 사이

일단 '오감도'라는 제목부터 점검해봅시다. 사전을 살피면 '조감도'라는 단어는 등재되어 있어도 '오감도'란 말은 없습니다. 조감도鳥瞰圖, bird's-eye view란 마치 새가 높은 곳에서 지상을 내려다보듯, 지표를 공중에서 비스듬히 내려다보았을 때의 모양을 그린 그림을 가리킵니다. 그래서 조감도는 지상의 건물이나 수목 등의 전체적인 구조나 경관을 한눈에 파악할 수 있도록 해주기 때문에 흔히 관광지나 신축 건물 또는 조경 공사 현장 등의 안내도로 쓰입니다. 그러니까 조감도는 땅에만 붙어서 사는 이들에게 지금 가고 있는 곳이 어떻게 펼쳐질지 또는 지금 사는 곳이 앞으로 어떻게 바뀌게 될지를 저 높은 곳에서 미리 바라보게 해주는, 그래서 시간적으로나 공간적으로나 희망과 비전, 전망 따위를 갖게 해주는 일종의 '청사진'과 같은 역할을 합니다.

그런데 그 좋은 '새 조鳥' 자가 슬쩍 '까마귀 오烏' 자로 바뀌어 있습니다. 물론 까마귀도 새 중 하나지만 획 하나 차이로 그 함축적 의미는 전혀 달라져버리고 맙니다. 마치 '님'이라는 글자에 점 하나를 찍으면 '남'이 되어버린다는 유행가 가사처럼 말이죠. 하지만 같은 언어유희요, 같은 위트라

하더라도, 조감도를 오감도라 하는 것은 우리를 유머로 이끌기보다 충격과 반전의 세계로 들어서게 합니다. 새가 까마귀로 둔갑하자, 이제 희망은 사라지고 불길함이 엄습합니다. 결과적으로 오감도는 불길한 조감도, 곧 우리 미래에 관한 우울한 전망처럼 여겨지는 것입니다.

제목 '오감도'의 유래에 대해서는 크게 두 가지 설이 전해 내려옵니다. 하나는 이상이 제목을 원래부터 '오감도'라 지었는데 신문사 문선부에서 '조감도'의 오자誤字가 아니냐고 문의가 들어와서 이태준이 간신히 수습해 그대로 조판을 했더니만 그다음에는 또 교정부에서 항의가 들어왔고 이에 대해 이태준이 학예부장으로서 다시금 불응하자 급기야 편집국장한테까지 진정이 올라갈 정도로 심각한 내부 진통을 겪었다는 설입니다. 다른 하나는 원래 시의 제목은 '조감도' 였는데 교정부에서 '오감도'로 오식誤植한 바람에 이태준이 이상에게 사과까지 하였건만, 이상이 도리어 '오감도'란 제목을 더 좋아하여 1회 이후에도 계속 그같이 연재하게 되었다는 유쾌한 해프닝 설이 그것입니다.

'오감도'나 '조감도'나 하는 것도 중요하지만 또 하나 주목해야 할 것은 그 두 가지 모두 다 그림 '도圖'에 해당한다는 점입니다. 앞서 이상이 〈오감도〉를 연재하면서 2천 점에서 30점을 고르느라 땀을 흘렸다고 한 말을 주목하기 바랍니다. '점'은 그림을 세는 단위성 의존명사입니다. 시를 셀 때는 '편'이나 '수'라고 하는 법이죠. 이상이 30'편'이 아니라 30'점'이라 했다는 것은 그냥 실수나 우연이라고만 볼 수는 없을 것입니다. 뿐만 아니라 〈오감도〉는 별로 연관성이 발견되지 않는 시편들을 현대시로서는 드물게 1호, 2호 식의 파격적 제목을 단 연작의 형태로 발표한 것인데, 이는 추상화 같은 현대회화의 세계에선 매우 흔한 일이었음도 주목할 필요가 있습니다. 오감도는 그림입니다.

읽을 수 없는 시, 〈오감도〉라는 그림

전통적으로 시는 노래라 했습니다. 하지만 〈오감도〉 연작시는 노래는커녕 낭송조차 하기가 힘이 듭니다. 〈오감도 시 제1호〉는 비교적 나은 편입니다. 수월하지는 않지만 이럭저럭 소리 내어 읽어나갈 수는 있으니까요. 하지만 제대로 낭송을 하려면 과연 "제1의아해가무섭다고그리오"는 어떻게 읽어야 할까요? 띄어쓰기를 안 했지만 의미에 따라 "제1의/ 아해가/ 무섭다고/ 그리오"라고 4음보처럼 낭송하면 될까요?

하지만 그럴 거라면 시인이 애당초 띄어쓰기를 굳이 거부했을 리가 없습니다. 그러니 시인의 의도를 고려한다면 아마도 일체의 감정을 배제한 채 기계음처럼 "제.1.의.아.해.가.무.섭.다.고.그.리.오"라고 한 자 한 자 읽을 수밖에 없을 듯합니다. 리듬을 타기보다 살짝 빠른 속도와 무뚝뚝한 어조로, 마치 초창기 로봇이 인공 합성음으로 무감각하게 말을 하듯 그렇게 읽어나가길 시인은 원하지 않았을까요? 그런데 그때도 걸리는 문제가 하나 남습니다. 도대체 괄호 같은 부호는 어찌 처리해 읽어야 한답니까? "괄호 열고 길.은.막.다.른.골.목.이.적.당.하.오. 괄호 닫고"라고 읽어야 할까요?

그런데 저 〈오감도 시 제4호〉는 그마저도 불가능합니다. 1, 2, 3, 4로 읽으면 되지 않겠느냐고요? 저 시에는 숫자가 없습니다. 뒤집힌 숫자만이 있죠. 뒤집힌 숫자는 이름이 없습니다. 그러니 뒤집힌 1, 2, 3, 4를 소리 내어 읽을 방도는 애당초 없는 셈이죠. 〈오감도 시 제5호〉는 또 어떤 줄 아세요? 그 시는 중간에 도형이 등장합니다. 이건 정말 소리 내어 읽는다는 것을 명백히 거부하는 모습입니다. 오로지 이미지만 있을 따름입니다.

한 마디로 이상의 시는 난해한 그림입니다. 그래서 이상

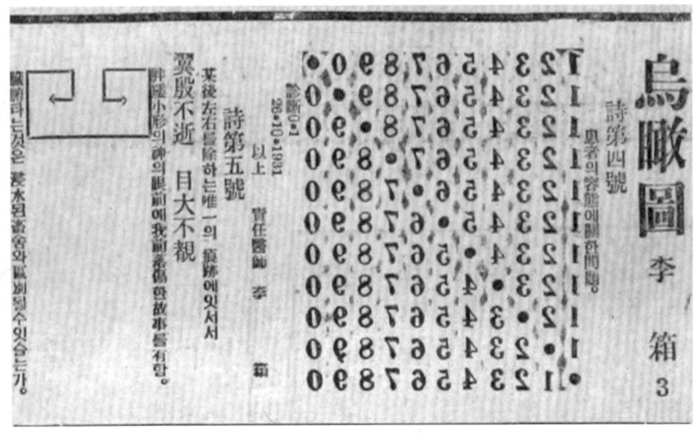

〈조선중앙일보〉(1934.7.28)에 게재된 〈오감도 시 제4호〉(우) 및 〈오감도 시 제5호〉(좌).

의 시와 그에 대한 여러 해석들을 읽다 보면, 어떨 때는 이런 생각도 듭니다. 혹시 꿈보다 해몽이 더 좋은 건 아닐까? 더 솔직히 말하면 혹여 우리가 벌거벗은 임금님 놀이를 하고 있는 것은 아닐까? 도대체 저게 무슨 시인가요? 이상에게 항의했던 당시의 독자들에 대해 오히려 공감과 동정을 느끼게 되지 않나요? 잠꼬대는 말이나 되지, 저건 말도 안 되지 않느냐 말입니다. 저게 시라면 나도 쓰겠다는 식의 오기마저 생길 듯합니다. 벌거벗은 임금님 이야기에서처럼 순수한 어린이들에게 이 시를 보여주면 뭐라 말할까요? "숫자 놀이 같아요." "낙서한 거 같은데…" "무슨 말인지 모르겠어요." 혹시 이런 게 정답인 건 아닐까요?

여기서 '시' 대신에 '그림'을 집어넣어봅시다. 꿈보다 해몽이 더 좋은 그림, 무슨 뜻인지 모를 그림, 잠꼬대 같은 그림, 어린 아이가 그린 그림, 낙서 같은 그림, 나도 그릴 것 같다는 그림 말입니다. 무엇이 떠오르시나요? 그렇습니다. 추상화 전시회 앞에서 우리가 곧잘 하던 이야기가 바로 그런 말이었습니다.

말하자면 이상은 추상화 같은 시를 쓰고 있는 셈이었던 겁니다. 그렇다면 우리 또한 추상화를 감상하는 것처럼 이상의 시를 감상하면 그만입니다. 그림을 사실의 재현으로만 보는 이들에게 추상화는 어렵고 난해하기만 합니다. 하지만 사실적인 그림은 우리가 이해하고 감탄할 수는 있어도 우리로 하여금 그 이상의 것은 보지 못하게 합니다. 종교화 같은 그림은 그림 속의 아이콘에 대한 지식이 있어야 비로소 제대로 볼 수 있으며 그 이상을 해석하는 것은 이단에 해당합니다. 반면에 그림이 대상으로부터 한 발짝 물러서면 비로소 우리에게 자유가 생깁니다. 작가는 의미로부터 자유를 얻고, 우리는 작품의 의미를 우리 스스로 구성할 수 있는 자유를 얻게 되는 것, 그것이 바로 추상화가 추구하는 바랍니다.

그런즉 이상은 난해한 작품으로 독자를 괴롭히고 있는 것이 아니라, 마치 추상화 한 점을 보는 것처럼 우리에게 즐거움과 자유를 선사하고 있는 겁니다. 수많은 사람이 그가 남긴 작품의 의미를 놓고 따짐으로써 우리는 괴롭거나 불편해진 것이 아니라 도리어 자유롭고 풍요로워진 것으로 이해함이 옳다는 말씀입니다. 그러니 이제 우리도 마음 놓고 〈오감도〉 해석에 도전해보는 겁니다.

까마귀의 눈과 천사의 날개

〈오감도〉는 제목이 암시하는 그대로, 시인 이상이 까마귀의 눈을 빌려 공중에서 내려다보는 도시의 풍경입니다. 이 점은 매우 강조할 필요가 있습니다. 많은 이가 '13인의 아해'에만 관심을 갖느라 그들을 바라보는 시인의 시선을 정작 놓치고 있기 때문이지요.

이 시의 시인은 높은 곳에서 세상을 굽어보는 존재, 하지만 그래서 외로운 존재일지 모릅니다. 고고孤高하다는 말의 뜻 그대로 말이죠. 아마도 박제가 되기 전의 조류, 곧 천재일 수도 있고 천상의 존재일 수도 있을 겁니다. 마치 영화 〈베를린 천사의 시〉(1987)에 나오는 천사처럼 말입니다.

독일의 거장 빔 벤더스 감독이 만든 이 영화의 원제는 〈베를린의 하늘Der Himmel Über Berlin〉이었습니다. 이 영화의 첫 장면은 펜을 든 손과 노트 한 권이 클로즈업되고, 그 손이 시를 써내려감과 동시에 그 시를 낭송하는 한 남성의 내레이션이 펼쳐지는 것으로 시작합니다. 그 시는 〈오감도〉를 빼닮았습니다.

아이가 아이였을 때 / 팔을 휘저으며 다녔다 / 시냇물은 하천이 되고 / 하천은 강이 되고 / 강도 바다가 된다고 생각했다 / 아이가 아이였을 때 / 자신이 아이라는 걸 모르고 / 완벽한 인생을 살고 있다고 생각했다 / 아이가 아이였을 때 / 세상에 대한 주관도, 습관도 없었다 / 책상다리를 하기도 하고 뛰어다니기도 하고, / 사진 찍을 때도 억지 표정을 짓지 않았다 (이하 생략)

내레이션이 끝나면서 곧이어 물기 먹은 흐릿한 하늘이 올려다보이고 한 남자의 눈이 잠시 나타나는가 싶더니, 하늘에서 내려다본 도시의 전경이 말 그대로 조감도처럼 펼쳐집니다. 주인공인 천사 다미엘이 베를린의 상징물이자

영화 〈베를린 천사의 시〉 메인 포스터. 천사 다미엘이 건물 옥상에서 도시를 내려다보고 있다. (출처: Argos, Road Movies, WDR)

67.5미터 높이의 전승기념탑 위 빅토리아 여신상에서 음습한 잿빛 도시 베를린을 굽어보고 있는 것이었습니다.

베를린의 천사들은 각자 할당된 구역을 돌아다니며 사람들을 관찰하고 기억하고 기록하는 임무를 띠고 있습니다. 영생의 존재일 뿐만 아니라 그들은 어디든지 자유롭게 돌아다닐 수 있는 투과 능력과, 사람들의 생각을 엿보고 내면의 목소리마저 들을 수 있는 능력이 있었죠. 한데 다미엘은 천사로 사는 것에 회의를 느낍니다. 영원히 순수한 천사로 산다는 것은 참 멋진 일이지만 가끔 싫증이 난다고, 정신적인 것만이 아닌 육체적인 쾌락도 느끼고 싶다고, 미개인, 곧 저 인간들처럼 되고 싶다고 말입니다.

그러다 결국 다미엘은 한 인간 여인을 사랑하게 되고, 동료 천사 가서엘의 경고와 만류에도 불구하고 기꺼이 인간이 되는 길을 택합니다. 사실 천사가 인간이 되는 길은 날개를 펴지 않은 채 높은 곳에서 뛰어내리면 되는 간단한 일이었습니다. 그런데 그게 쉽지가 않군요. 천사들 또한 날개를 펼치는 본능을 의지로 이겨내야 하기 때문이지요. 여하튼 그렇게 인간이 되는 데 성공하자 그때부터 화면은 흑백에서 컬러로 전환됩니다. 욕망은 다채로운 법이니까요.

그렇다면 이상은 어땠을까요? 당연히 외로웠을 겁니다. 하지만 그 역시 외로움을 피할 수 있는 간단한 길이 있었습니다. 천사 다미엘처럼 그도 높은 곳에서 뛰어내리면 그만인 겁니다. 독자를 비난하기보다 독자들의 수준과 지위로 내려와서 자신 또한 "남보다 수십 년씩 떨어지고도 마음 놓고" 지내면 되는 것입니다. 13인을 내려다보지만 말고 그 골목으로 내려와서 같이 부대끼고 질주하고 그러면 되는 것이었단 말입니다.

하지만 그는 그러지 않았어요. 천사 다미엘은 인간과 소통하려 하고 인간이 되길 소망한 반면, '까마귀' 이상은 인간이면서도 인간과의 소통을 거부합니다. 그는 19세기 '미개인'의 삶을 선택할 수가 없었습니다. 그는 끝까지 20세기 '문명인'의 지위를 고수해야만 했던 탓. 그가 달리 모더니스트인 게 아니었다는 말씀입니다.

그러나 박제가 되어버린 천재였던 탓일까요. 천사 다미엘처럼, 그 또한 인간들, 곧 '13인의 아이들'을 그저 바라만 볼 뿐, 그들의 현재와 미래에 손 하나 까딱할 수가 없는 처지였습니다. 아이들이 처한 상황은 너무도 비관적인데, 그가 할 수 있는 일은 아무것도 없습니다. 영화 속 베를린의 천사들 역시 전쟁과 같은 인간의 불행을 다만 관찰하고 기록할 뿐이었듯이 말입니다.

이상의 시 역시 관찰과 기록에서 벗어나지 않습니다. 이상에 의해서 한국 시는 처음으로 표현이 아니라 관찰이 되었고, 느낌의 방식이 아니라 인식의 양식으로 바뀌었다는 지적은 적실합니다. 〈오감도〉가 끝내 냉정한 흑백 모노크롬처럼 읽히는 것은 결코 우연이 아닙니다. 거기에는 안타까움도, 따스함도 느껴지지 않습니다. 만일 〈오감도〉를 영화로 만들고자 한다면 아마도 질주의 동영상만 있을 뿐 소리조차 들리지 아니하는 흑백 무성영화가 가장 잘 어울릴 겁니다.

13인의 정체

지금까지 우리는 전승기념탑 위의 천사처럼 경성의 하늘 위 어디에선가 지상을 굽어보는 까마귀 이상을 올려다보았습니다. 이제 우리도 그를 따라 시선을 아래로 향해 '13인의 아해들'을 살펴보도록 합시다.

왜 하필 13인가? 이에 대해서는 기독교적 상징으로 읽기도 하고, 조선 13도 같은 당대 현실을 의미하는 것으로 보기도 하며, 어떤 이는 성적인 코드로까지 간주하는 등, 과하다 싶을 정도로 다양한 해석들이 제기되어 왔습니다만, 불안, 공포, 불길과 연관된 문화적으로 금기시되는 숫자 정도로 보는 편이 일반적입니다.

중요한 건 이 숫자가 단수가 아니라 복수라는 겁니다. 복수로 구성된 이 아이들 하나하나는 도로를 질주하며 저마다 '무섭다'고 합니다. 그런데 시의 화자는 이 아이들이 '무서운 아이'랑 '무서워하는 아이'로 이루어져 있다고 합니다. 나아가 그중 1인이 무서운 아이라도 좋고 2인이 무서운 아이라도 좋으며, 1인이 무서워하는 아이라도 좋고 2인이 무서워하는 아이라도 좋다고까지 말합니다. 도대체 무슨 뜻일까요?

그렇다면 이제 본격적으로 따져봅시다. 먼저 이 13인의 아이 중 무서운 아이는 몇 명이고 무서워하는 아이는 몇 명일까요? 아닌 게 아니라, 가만히 보면 이 시는 과학 시험 문제를 무척이나 닮았습니다. 과학 시험에서 흔히 "단, 공기 저항은 무시한다"라는 조건을 달 듯이, 이 시는 "길은막다른 골목길이적당하오"라든가 "다른사정은없는것이차라리나았소"와 같은 설정을 해놓고 있는 겁니다. 그런데 황당한 것이 기껏 그렇게 해놓고서는 길은 뚫린 골목이라도 적당하고 13인의 아이가 도로로 질주하지 않아도 좋다고 결론짓는 겁니다. 그렇다면 양자 역학 수준의 시일까요, 아니면 넌센스 퀴즈에 가까울까요?

저의 풀이는 13인이 정답입니다. 무서운 아이가 13명, 무서워하는 아이가 13명이란 말씀입니다. 그럼 26명이 아니냐고요? 오답이라고요? 아닙니다. 모두가 무섭고 동시에 서로를 무서워하는 13명의 아이들이란 뜻입니다.

가령 입시 경쟁에 시달리는 수험생을 생각해 봅시다. A가 보기에 B는 공부를 지독하게 열심히 하는 무서운 친구입니다. 그래서 B를 무서워하는 A도 열심히 공부를 했습니다. 그랬더니 그런 A를 바라보는 B가 공포에 질립니다. B에겐 도리어 A가 무서운 친구가 되고 만 거죠. 그러니 A와 B는 무서운 아이 2명, 무서워하는 아이 2명으로 이루어진 셈입니다. 마침 경성고공 건축과에 들어온 동기생이 13명이었다고 앞에서 밝힌 바 있습니다만, 그거까지야 우연이라 치더라도 여하튼 13명의 아이들이 서로를 무서워하는 것만은 분명한 사실입니다.

이 시는 이러한 13인의 아이들이 도로를 질주하는 상황에서 출발합니다. 도대체 이 아이들은 왜 달리는 걸까요?

남아프리카의 칼라하리 사막에는 스프링벅springbok이라는 산양이 산다고 합니다. 이름 그대로 용수철처럼 점프력이 뛰어난, 하지만 여느 양답게 온순한 이들이 가끔은 거대한 무리를 이루면서 맹렬한 질주를 벌이다가 끝내 바닷가 절벽에 이르러 바닷속으로 뛰어드는 행태를 보이곤 한답니다. 집단자살이라도 하는 걸까요?

사실 이 산양들은 평소에는 다른 양처럼 이삼십 마리씩 떼를 지어 다니며 평화로이 풀을 뜯어 먹으며 삽니다. 그러나 어떤 때는 개체수가 늘어나 몇만 마리의 거대한 무리가 되어버리는 경우가 발생합니다. 수만 마리의 산양은 처음에는 천천히 움직였겠지요. 발 앞의 풀을 뜯어 먹으며 서서히 전진해나갔을 겁니다. 그런데 워낙 개체가 많다 보니까 행렬의 뒤쪽에 자리한 양들은 먹을 풀이 없어지게 됩니다. 풀을 차지하기 위해 앞을 비집고 들어가려다 보면 결과적으로 동료 양들을 떠미는 꼴이 되고 말았겠죠.

그러자 파급효과라는 말 그대로 이 힘과 움직임이 파도처럼 앞으로 계속 전해지게 됩니다. 마침내 앞쪽에서 걷던 양들 역시 걸음을 재촉하게 되면서 걸음은 뜀박질이 되고, 앞에서 뛰니까 뒤에서도 따라서 뛸 수밖에 없게 되고, 뒤에서 뛰어오니 앞에서는 더욱 필사적으로 달음박질을 할 수밖에 없게 됩니다. 결국 모든 양 떼가 전속력으로 질주하는 일이 벌어지게 되는 것이죠.

그들은 그저 달릴 뿐입니다. 이젠 왜 달리는지, 누구 때문에 달리게 됐는지도 물을 여유가 없습니다. 살기 위해 달립니다. 멈추면 죽음이니까요. 틀림없이 먹기 위해, 살기 위해 시작한 달음박질인데 전력 질주하다 보니 이들은 풀을 뜯기는커녕 숨 돌릴 틈조차 없이 오로지 앞으로만 쉬지 않고 달려야 하는 겁니다. 생존을 위한 그 질주는 아이러니하게도 죽음과 입맞춤하는 것으로 끝이 납니다.

마침내 그들은 해안가 절벽에 도달합니다. 그러나 멈출 수가 없습니다. 멈추려야 멈출 수가 없단 말입니다. 아니, 멈추면 깔려서 죽고 멈추지 않으면 떨어져 죽으니, 이래저래 죽음뿐입니다. 만일 우리가 이들 스프링벅한테 이렇게 죽을 걸 도대체 왜 뛰었느냐 묻는다면 아마도 이들은 이렇게 답할 것입니다. "쟤가 뛰어서 뛰었어요." 온순하고 평화롭기만 하던 산양들도 결국 무서운 산양과 무서워하는 산양으로 모여 있었던 것이지요.

공포의 질주와 질주의 공포

문제는 산양들처럼 우리도 우리의 앞날을 모른다는 데 있습니다. 우리에게는 조감도가 없기 때문입니다. 이 공간의 끝, 이 시간의 뒤에 어떤 미래와 운명이 펼쳐질지 알 수가 없는 겁니다. 하지만 공중에서 내려다보는 까마귀 이상은 우리 아이들의 미래를 알고 있습니다. 13인의 아해가 도로로 질주하면 그들의 미래가 어찌 되리라는 것을 그는 훤히 내다보고 있는 겁니다. 스프링벅이 해안가 절벽에 다다르듯이, 막다른 골목이 자신들을 기다리는 줄도 모르고 그저 맹목적인 질주를 감행하고 있는 우리의 모습을 그는 관찰하며 기록하고 있는 것입니다.

그렇기 때문에 길은 막힌 골목이든 뚫린 골목이든 아무 상관이 없는 것이겠죠. 스프링벅이 해안가까지 가지 않는다고 해서 뭐가 달라지겠어요? 바다에서 죽든, 들길에서 깔려 죽든, 그것은 어차피 죽어야 끝이 나는 질주가 아닌가요. 심지어 질주하지 아니하여도 상관없습니다. 그럼 굶어 죽겠지요. 문제는 죽음의 경쟁 구조에 있지, 질주하는 주체에 있는 게 아닌 겁니다.

경쟁은 생존의 필수 조건이 되어 버렸습니다. 빨라야 삽니다. 속도에 맹목인 현대인들은 특히 더 그렇습니다. 안타깝게도 자본주의는 정의를 위해 존재하는 것이 아니라 이익을 위해 존재할 뿐입니다. 브레이크도 없이 가속 페달만 있는, 아니 페달을 밟지 않으면 쓰러지는 자전거처럼 그것은 앞으로만 나아가야 하는 무한 질주의 숙명에서 결코 자유로울 수가 없는 법입니다.

하지만 우리는 산양이 아닙니다. 인간이기에 우리는 압니다. 이 모든 것이 잘못되어 있다는 것을. 그러나 알면서 못 고치니 산양보다 더 어리석을 따름입니다. 그리하여 환경문제가 인류에게 재앙을 가져올 것이라고 누누이 경고해도 역시 지금 당장은 성장만이 살길이라 하고, 과도한 입시 경쟁이 우리 자녀들을 파탄으로 내몰고 있다고 해도 여기서 처지거나 탈락하면 기다리는 것은 가난과 파멸뿐이라고 겁을 줍니다. 마치 영화 〈설국열차〉마냥 이 열차와 궤도를 벗어나면 죽음뿐이라고, 이 안에서 목숨을 유지하는 것만으로도 감사할 줄 알라며 설교를 합니다.

열차는 멈출 수 없습니다. 멈추면 죽지만, 그러나 멈추지 않는다고 모두가 사람답게 사는 것은 결코 아닙니다. 세상은 이런 두려움으로 가득합니다. 그러면서 정작 우리 모두가 공멸하고 인류 문명이 파멸될 진짜 두려움에는 짐짓 눈을 감으려 드는 것이 아닐는지요.

13인의 아이들, 무엇이 이들을 맹목의 질주로 내몰았던가요? 무서움입니다. 공포가 이들을 무한 질주로 내몰았습니다. 하지만 이제는 질주 자체가, 그 무시무시한 속도가 공포로 변하고 만 세상에 우리는 살고 있습니다. 공포의 질주와 질주의 공포. 공포가 질주를 낳고 질주가 다시 공포를 만드는 이 악순환. 〈오감도〉는 이런 의미에서 문명 비판의 모더니즘 시로 읽을 수 있을 겁니다.

6.
근대의 해체와 초극
- 근대의 허위를 엿본, 근대를 넘어선, 그러나

〈날개〉 속으로

이상은 과연 까마귀였을까요, 천사였을까요? 모르긴 몰라도 이상은 자신에게 날개가 달려 있었다고 기억합니다. 이제부터는 그의 소설 〈날개〉를 살펴봅시다.

흔히들 이 소설의 도입으로 취급하곤 하지만, 잡지 《조광》(1936.9)에 실릴 당시 본문 앞에 별도의 박스로 분리되어 있다는 점에서 실제적으로는 '작가의 말' 정도로 봐야 할, 저 빛나는 프롤로그부터 읽어보세요.

'박제剝製가 되어 버린 천재天才'를 아시오? 나는 유쾌하오. 이런 때 연애까지가 유쾌하오. 육신이 흐느적흐느적하도

록 피로했을 때만 정신이 은화銀貨처럼 맑소. 니코틴이 내
횟배 앓는 뱃속으로 스미면 머릿속에 으레 백지白紙가 준
비되는 법이오. 그 위에다 나는 위트와 패러독스를 바둑
포석布石처럼 늘어놓소. 가증할 상식의 병이오.

그리고 〈날개〉는 이렇게 끝이 납니다.

나는 불현듯이 겨드랑이가 가렵다. 아하, 그것은 내 인공
의 날개가 돋았던 자국이다. 오늘은 없는 이 날개, 머릿속
에서는 희망과 야심이 말소된 페이지가 딕셔너리 넘어가
듯 번뜩였다.
나는 걷던 걸음을 멈추고 그리고 일어나 한 번 이렇게 외
쳐 보고 싶었다.

날개야 다시 돋아라.
날자. 날자. 한 번만 더 날자꾸나.
한 번만 더 날아 보자꾸나.

오늘은 존재하지 않는 날개, 그 날개가 다시 돋아 한 번만

더 하늘을 날아보길 소망하는 박제가 되어버린 천재의 이야기, 그것이 이 소설의 처음과 끝입니다. 그런 의미에서 〈날개〉는 〈오감도〉의 후속편일지 모릅니다. 박제가 되어버린 새, 그것은 곧 인간이 되어버린 천사와 다를 바 없을 테니까요. 어쩌다 그런 신세가 되었는지, 그의 마음속 사전에는 이제 희망이나 야심 같은 단어는 말소된 지 오래인 모양입니다.

그러던 그가 회복을 소망합니다. 도대체 무슨 사연이 있었던 걸까요?

경성의 백화점 옥상 위에서

이제 소설 속으로 들어가봅니다. 우선 결말 부분에서부터 거꾸로 읽어 올라가볼게요. 날개야 다시 돋아라, 한 번만 더 날아보자, 외쳐보고 싶어 하는 바로 그 앞 장면에서 주인공은 〈오감도〉의 그 까마귀나 천사처럼 경성 거리를 내려다보고 있었습니다. 미쓰코시백화점 옥상에서 말이죠.

현재의 명동 소재 신세계백화점 본점 자리에 세워진 미쓰코시백화점 경성점은 지하 1층에서 지상 4층까지 엘리베이터가 오르락내리락하던 당시 경성의 랜드마크이자 핫플레이스였습니다. 르네상스식 외양의 건물, 호화의 극치를 자랑하던 매혹과 욕망의 공간, 그 향기에 취해 수많은 모던보이, 모던걸들이 그곳을 부나비처럼 드나들었습니다. 하지만 그 모던함과 화려함이란 식민지의 비참한 실상을 망각하게 한다는 점에서 그야말로 판타지 같은 것이었죠. 판타지는 판타지일 뿐, 실제 그 세계의 주인은 부와 권력, 곧 자본과 제국이 아니었겠습니까.

우리의 이상은 그 자본과 제국의 상징과도 같은 미쓰코시백화점 옥상에 서서 인파로 가득한 거리를 내려다보다가 "피로와 공복 때문에 무너져 들어가는 몸뚱이를 끌고 그 회탁의 거리 속으로 섞여 가지 않는 수도 없다 생각"하여 거리로 내려옵니다. 더 이상 관찰만 하지 않고 까마귀와 천사의 시각에서, 저 미쓰코시백화점 옥상으로부터 인간의 거리로 내려온 것입니다. 그럼 이제 그도 모던보이들처럼, 아니 그저 장삼이사의 한 사람처럼 편하게 살면 되지 않을까요?

문제는 그다음입니다. 내려왔는데 막상 갈 곳이 없다는 겁니다. 갈 곳이 왜 없을까요? 어디긴 어디겠어요, 할 일 없는 룸펜이 외출하였으니 집으로 돌아감이 마땅하지 않겠습니까. 그도 그렇게 생각했을 겁니다. 그런데 "그때 내 눈앞에는 아내의 모가지가 벼락처럼 내려 떨어졌다"라면서 뭔가 각성이라도 한 듯이 자세를 고칩니다. 그리고 툭 입에서 새어 나오는 소리! "아스피린, 아달린."

변화와 성장, 그러나

어느 면에서 이 소설은 성장소설의 형태를 닮았습니다. 아내의 이름으로 된 문패가 달린 집, 그 한구석 볕도 잘 들지 않는 방에서 외부와의 접촉도 일절 하지 않은 채, 히키코모리처럼, 마치 방에서 게임만 하는 아해처럼, 돋보기 불장난이나 거울 장난이나 일삼다가, 페티시즘마냥 아내의 화장품 냄새나 맡는, 돈도 저금통의 가치도 모르는, 게으르고 무용하고 한심한 한 인간의 성장 말입니다.

그런 그가 변화를 보이기 시작합니다. 그 계기는 외출이었습니다. 외출을 거듭하면서 그는 성장합니다. 돈의 용도와 가치도 알게 되죠. 돈 쓸 줄도, 돈 쓸 데도 모르던 그가 나중에는 경성역 대합실에서 커피 맛도 보고, 끝내는 미쓰코시백화점 옥상에까지 올라갈 정도가 되었답니다. 게다가 아해 같기만 하던 이 남자가 성장하면서 슬슬 남편 구실도 하게 됩니다. 아내 손에 5원을 쥐어주고 아내 방에서 처음 잠을 자기도 했습니다. 그러자 아내도 미소를 띠며 그의 팔

<날개>의 주인공이 경성의 거리를 내려다보았던 경성 미쓰코시백화점. 지금의 신세계백화점 본점 자리이다. (출처: 서울역사박물관)

을 이끌어 방으로 데려가선 저녁 밥상을 차려주는 게 아니겠습니까. 혹시 이런 친절 뒤에 엔간치 않은 음모가 숨어 있지 않나 불안하기도 했지만 그의 생각에도 이런 현실이 일단 나쁠 리는 없었습니다.

그러던 어느 날 아내는 지폐를 머리맡에 내려놓으며 오늘은 늦게 돌아와도 좋다고 속삭입니다. "그것은 어렵지 않다. 우선 그 돈이 무엇보다도 고맙고 반가웠다"라고 그는 고백합니다. 아내의 입장에서 그의 변화와 성장은 그 정도가 딱 적당했을 겁니다.

문제는 그다음에 일어납니다. 외출했다가 비를 맞고 돌아온 날, 그는 "아내가 덜 좋아할 것"을 그만 보게 됩니다. 오한이 든 그에게 아내가 약을 줍니다. '아스피린'인가 싶었습니다. 그런데 감기가 다 나았는데도 아내는 계속 그 약을 주었고, 이 약을 먹으면 졸려서 견딜 수가 없었습니다. 그러다가 아내의 화장대 밑에서 흡사 아스피린처럼 생긴 최면제 '아달린' 갑을 발견하게 됩니다.

그는 집을 나서서 아내를 연구하기로 하죠. 아스피린, 아달린, 아스피린, 아달린. "무슨 목적으로 아내는 나를 밤이나 낮이나 재웠어야 했을까?" 그래도 혹시나 오해일까 봐, 의혹을 가진 것부터가 잘못이라 여긴 그는 아내에게 사죄하러 부리나케 귀가를 합니다. 그런데 그만 거기서 "내 눈으로 절대로 보아서 안 될 것"을 그만 딱 보아버리고 만 겁니다. 이것은 성장이 아니라 선을 넘은 겁니다. 체제의 유지를 무너뜨리는 도전인 겁니다.

아내에게 멱살잡이를 당하고 물어뜯긴 연후에 그는 달음박질을 쳐서 집을 나옵니다. 그리하여 당도한 곳이 바로 미쓰코시백화점 옥상이었던 것이죠. 그리고 거기서 내려와 불현듯 자신이 애당초 집을 나와 연구하기로 한 주제가 다시

떠올랐던 겁니다. 아내, 그리고 아스피린과 아달린!

아스피린과 아달린의 정체

이제 다시 우리는 아스피린과 아달린의 화두로 되돌아왔습니다. 아스피린이 고통을 낫게 하는 치료제라면, 아달린은 고통을 잊게 하는 수면제입니다. 아내로 대표되는 세상의 자본과 욕망이 유지되기 위해서는 나에게 아달린을 먹여야 하죠. 아니, 나를 위해서도 나는 아달린을 먹어야 할지 모릅니다. 그래야 아내의 자본이, 비록 볕도 들지 않고 빈대가 들끓는 방에서 닭 모이 같은 밥을 먹고 코르덴 양복 한 벌로 지낼지언정, 나를 먹여 살릴 것이기 때문입니다. 아스피린은 필경 그나마 밥줄을 끊고, 봐서는 안 될 현실의 고통과 직면하게 만들 뿐일 테니까요.

혹시 영화 〈매트릭스Matrix〉(1999)를 보셨는지요? 그럭저럭 잘 살고 있는 주인공 네오에게 어느 날 갑자기 모피어스라는 이가 나타나 양손에 빨간 약과 파란 약을 내밀며 그에게 말합니다. 진실을 알고 싶다면 빨간 약을 먹고, 편안한 세상에 남고 싶다면 파란 약을 먹으라고. 빨간 약을 선택하면 매트릭스에서 벗어나겠지만, 시궁창 같은 현실을 마주해야 하고, 파란 약을 선택하면 아무 일도 없었다는 듯 자신의 침대에서 깨어나겠지만, 매트릭스라는 가짜 현실에 갇혀 살게 될 것이라고요. 빨간 약을 택한 네오는 비로소 현실의 진실과 만나게 됩니다. 고치에 갇혀 기계의 에너지원으로 착취당하며 살면서도 그 사실도 모른 채 살아가고 있는 인간들의 모습을 말입니다.

20세기에 이 영화를 볼 때만 해도 이런 설정이 끔찍하기는 했지만 현실적으로 느껴지지는 않았습니다. 그때는 몰랐거든요. 인공지능이 엄청난 양의 전기에너지를 필요로 한다는 사실을 말입니다. 인공지능이 지배하는 시대가 도래할 날이 얼마 남지 않은 지금, 이것은 가상의 SF 영화 속 일이 아니라 현실이 될까 봐 두려운 일이 되어버렸습니다. 영화 〈매트릭스〉의 설정은 황당한 공상이 아니라 합리적인 현실이었던 겁니다.

인공지능이 지배하는 시대에 인간은 배터리 말고는 도무지 쓸데없는 존재가 되는 건 아닐까요. 인공지능 입장에서는 저 쓸데없는 80억 명의 인간들을 그래도 배터리 셀로 이용하는 것이 자신을 위함은 물론 그야말로 친환경적이요 친지구적인 일일지 모릅니다. 80억 개로도 부족하면 인공

자궁을 통해서 더 많이 배양하면 됩니다. 그러기에 '매트릭스matrix'라는 단어에 행렬만이 아니라 자궁과 모체라는 뜻이 들어 있음은 무척 의미심장하게 들립니다.

다시 〈날개〉로 돌아가봅시다. 미쓰코시백화점에서 거리를 내려다보기 전, 주인공 이상은 옥상정원에 있는 수족관 속 금붕어를 들여다봅니다. 수족관은 끈적끈적한 체액과 수많은 혈관과 신경줄기가 연결된 듯한 매트릭스를 닮았습니다. 그 속에서 금붕어는 자유로이 유영하는 듯 살고 있지만 실상은 인간을 위한 한갓 관상용 볼거리에 불과한 존재입니다. 그럼에도 그들은 수족관의 공간을 벗어날 수 없죠. 벗어나면 죽음이고, 벗어나지 않으면 사는 것 같지 않은 삶뿐입니다.

다만 수족관 속에서 지내면 수고하지 않아도 인간들이 그들에게 먹을거리와 잠자리와 조명 따위를 제공해주겠죠. 그래서 금붕어는 작은놈은 작은놈대로, 큰놈은 큰놈대로 행복해할지 모릅니다. 이상은 이런 관찰 결과를 그대로 회탁의 거리 속 인간 군중들에게 투영하는 듯합니다. 그들도 금붕어와 다를 바 없는 셈이니까요.

한데 삶의 진실이 이러함을 인간들이 자각한다면 세상은

어찌 될까요? 그리하여 저항하거나 혹은 자멸해버린다면 이 세계는 어떻게 유지될까요? 그래서 빨간 약을 먹으면 안 된다는 겁니다. 아스피린이 아니라 아달린을 먹어야 한다는 거죠. 생체에너지 셀로 살고 있음을 깨닫지 못하도록 인간에게 끊임없이 환상을 주입하는 매트릭스, 이는 영화 속의 허구만은 아닙니다. 우리를 의지와 욕망의 주체로 착각하게 하는 매트릭스는 지금도 도처에 있답니다.

하지만 우리가 과연 네오처럼 될 수 있을까요? 매트릭스의 고치에서 벗어나고 수족관에서 탈출해도 살 수가 있을까요? 이 현실에서 어디로 간들 구원이 있을까요? 〈날개〉의 결말에서 이상은 '그저 끝없이 발을 절뚝거리면서 세상을 걸어가면 되는 것'이라 했지만 '어디로 가나'라는 방향성을 마지막으로 묻고 있습니다. 지상으로든, 수평으로든, 어떤 방위로든 갈 곳이 없어 보입니다. 그러기에 이상은 수직으로의 비상을 꿈꾼 것이겠죠. 필요한 것은 잃어버린 날개입니다. 그러나 박제가 되어버려 날개가 펼쳐지질 않는데 어찌한답니까.

이상, 그는 박제된 천재, 19세기 식민지에 사는 20세기 모더니스트였던 겁니다. 베를린의 67미터짜리 전승기념탑은

커녕, 고작해야 지상 4층짜리 건물에 불과한 미쓰코시백화점이 랜드마크로 각광받는 식민지 수도 경성에서 무슨 수로 날개를 달고 하늘에 오른단 말입니까. 아무래도 엔딩 부분의 "날자. 날자. 한 번만 더 날자꾸나"는 간절한 소망인 줄은 알겠으나 희망적으로 들리지는 않습니다. 그럴수록 오히려 애처롭고 처절하게만 들려옵니다. 그러기에 설령 그가 경성이 아니라 동경에 간들 사정은 별로 달라질 것 같지가 않습니다.

멜론을 선택하다

동경에서 이상은 지상의 삶을 마감했습니다. 이상이 죽을 때 내게 레몬을 달라고 했다는 말이 한동안 전설처럼 내려왔습니다. 이상의 신화에 꽤나 잘 어울리는 의장이기도 했죠. 하지만 이상의 임종을 지킨 아내 변동림의 증언은 달랐습니다. 이상의 사후 반세기가 지난 1986년 그녀가 드디어 입을 열었습니다. 하지만 그녀의 증언은 기대에 비해 허망하기만 했습니다.

동경제대병원의 병상에서 그녀가 이상의 귀에 가까이 대고 무엇이 먹고 싶은지 물으니 이상이 가느다란 목소리

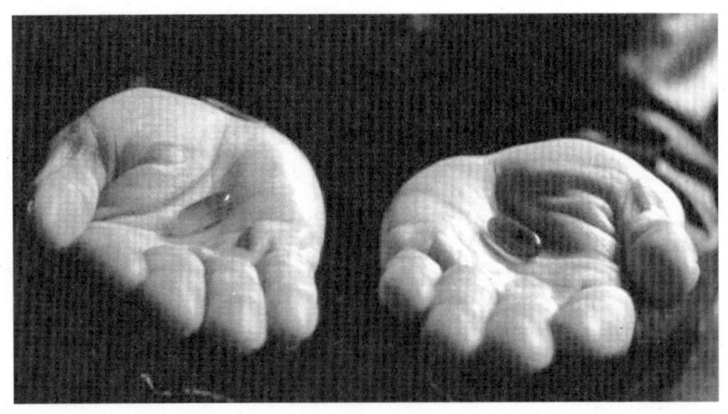

영화 〈매트릭스〉의 네오는 왼쪽의 빨간 약(현실)과 오른쪽의 파란 약(가짜) 중 빨간 약을 선택해 진실과 마주하는 반면, 〈날개〉의 주인공은 아스피린(현실)이 아닌 아달린(가짜)을 먹고 현실을 잃는다.

로 "셈비끼야의 메롱"이라 답하더라는 겁니다. '센비키야(千疋屋, 천필옥)'는 지금도 동경 니혼바시와 긴자 등에 위치한, 1834년에 창업한 고급 과일가게이자 디저트 카페입니다. 센비키야의 멜론이라니, 호사 그 자체 아니겠습니까.

허나 죽은 사람 소원도 들어준다는데 아직 산 사람 소원을 못 들어주랴 싶었겠죠. 그래서 그녀는 기어이 천필옥에서 '메롱'을 사갖고 돌아와 정성껏 깎아서 대접했건만 이상은 목구멍으로 받아넘기지는 못하고 그저 향취가 좋다며 미소 짓는 듯한 표정을 보였다고 합니다. 요컨대 이상이 병상에서 찾은 것은 '레몬'이 아니라 '멜론'이었다는 것이 증언의 요지였습니다.

실은 이상의 동경 시절, 그의 곁에는 수필가 김소운도 있었습니다. 그에 따르면, 어느 날 이상이 난데없이 프랑스식 '코페빵'이 먹고 싶다 했다고 합니다. 코페빵은 반으로 자른 빵 사이에 속 재료를 넣어 먹는 형태의 빵을 말합니다. 김소운은 이 까탈스럽기 짝이 없는 친구를 위해 사방을 돌아다니며 겨우 코페빵을 구해왔더니만 이상은 이런 게 아니라며 짜증만 부렸다고 합니다.

그러고 보면 레몬이냐 멜론이냐가 중요한 게 아닙니다. 마찬가지로 코페빵이든 식빵이든 그 또한 그리 중요한 게 아닙니다. 중요한 것은, 누구나 죽게 되면 그 순간만은 그 사람의 본질이 드러난다는데, 이상은 왜 죽는 그 순간까지 멜론이니 프랑스식 코페빵 따위를 원했느냐는 겁니다. 멜론이 아니라 홍시나 능금, 혹은 고구마나 옥수수를 달라고 했어야 하는 것이 아닐까요. 코페빵이 아니라 인절미나 시루떡을 달라고 했어야 마땅한 것 아닌가요. 어떻게 죄다 서구 취향이란 말입니까. 과연 그럴 정도로 이상이 이런 과일과 빵을 마치 소울 푸드마냥 즐겨 먹어보기나 했을까요. 한마디로, 허세 혹은 겉멋은 아닌가 하는 지적입니다.

그런데 만일 이것이 허세나 겉멋이 아니라 진짜라면 어찌 될까요. 그렇게 되면 이상이 진짜가 되고 동경이 가짜임이 증명되는 셈 아닐까요. 그는 가짜를 못 견뎌 했거든요. 모조 근대의 동경을 비속하다고 나무랐던 게 이상 자신 아닙니까.

이런 생각이 들 때면 이상이 친구 안회남에게 보낸 편지를 읽어보세요. 그의 내밀한 고백이 들려올 겁니다.

과거를 돌아보니 회한뿐입니다. 저는 저 자신을 속여 왔나 봅니다. 정직하게 살아왔거니 하던 제 생활이 지금 와보니 비겁한 회피의 생활이었나 봅니다.
정직하게 살겠습니다. 고독과 싸우면서 오직 그것만 생각하며 있습니다. 오늘은 음력으로 제야除夜입니다. 빈자떡, 수정과, 약주, 너비아니, 이 모든 기갈飢渴의 향수鄕愁가 저를 못살게 굽니다. 생리적生理的입니다. 이길 수가 없습니다.

분명히 그는 정직하겠다고 했습니다. 그래서 음력 제야, 그는 정직하게 고백합니다. 실은 빈자떡, 수정과, 약주, 너비아니를 먹고 싶다고, 그것이 그립다고 말입니다. 이 모든 기갈의 향수가 못살게 군다고, 이것은 생리적인 것이라서 관념이나 의지로는 이길 수 없노라고 이상은 고백하고 있는 것입니다.

그런 그가 운명의 순간, 생리마저 이겨냅니다. 이 모든 기갈의 향수를 물리치고, 멜론과 코페빵을 택함으로써 그는 자신이 근대인임을 온몸으로, 목숨을 걸고, 마지막 의지를 다해 증명해낸 셈입니다. 다만 삼킬 수는 없었을 따름. 그것이 이상의 최선이자 최후였습니다.

《소월과 이상, 근대시의 두 얼굴》을 어떻게 마감해야 할까. 실은 시작하기 전부터 설정해두었던 대목이 있습니다. 이 책의 마지막을 이상의 〈봉별기〉 마지막 부분으로 장식하고자 합니다. 금홍이와 결별하고 집으로 돌아온 뒤 만나는 사람마다 동경행을 장담하며 지내던 어느 날, 금홍이가 서울에 나타났다는 소식을 듣고 이상은 망설이던 끝에 아니나 다를까 또 금홍이를 찾아갑니다.

술상을 보아 왔다. 나도 한 잔 먹고 금홍이도 한 잔 먹었다. 나는 영변가를 한 마디 하고 금홍이는 육자배기를 한 마디 했다.

밤은 이미 깊었고 우리 이야기는 이게 이 생生에서의 영이별이라는 결론으로 밀려갔다. 금홍이는 은수저로 소반전을 딱딱 치면서 내가 한 번도 들은 일이 없는 구슬픈 창가를 한다.

"속아도 꿈결 속여도 꿈결 굽이굽이 뜨내기 세상 그늘진 심정에 불질러 버려라 운운."

예전에도 많이 읽은 대목입니다. 특히 '속아도 꿈결 속여도 꿈결' 부분은 그들의 삶과 만남을 함축적으로 말해준다 싶어 문학 하는 친구들과 술잔을 나눌 때 즐겨 읊조리기까지 했을 정도입니다. 한데《소월과 이상, 근대시의 두 얼굴》을 쓰다 보니, 새삼 눈에 한 단어가 새로이 들어와 앉는 것이었습니다. 세상에나, 이상이 '영변가' 노래 한 마디를 했다는 것 아닙니까!

〈영변가〉란 서도좌창, 앉아서 부르는 잡가, 서도민요의 하나입니다. 〈영변가〉가 언제부터 불렸는지는 확실하게 알 수 없으나, 조선 말기에 평안도 행정부를 의주로 옮길 때 그 지역 사람들이 섭섭한 마음에서 〈영변가〉를 지어 불렀다고도 하고, 고향을 등지고 산길을 찾아 떠나던 사람들의 입에서 애달픈 별리의 감정을 담아 나온 노래라고도 합니다.

여하튼 20세기 전반, 서도 지역 소리꾼들에 의해 불리면서 널리 퍼져 오늘에 이르렀다고 하는데 당시 유성기 음반에는 5절 또는 6절만 수록되어 있다고 전합니다. 찾아보니 이상이 부른 노래 가사는 아마도 이런 유가 아니었을까 싶습니다.

노자 에- 노자 노자 젊어서 노잔다
나이 많아 병이 들면은 못 노리로다
영변寧邊의 약산藥山의 동대東臺로다
부디 평안히 너 잘 있거라
나도 명년明年 양춘陽春은 가절佳節이로다 또 다시 보자

영변의 약산! 제 눈은 하염없이 거기에 머물렀습니다. 명년 양춘가절, 진달래꽃 흐드러지게 핀 그곳에서 소월과 이상이 만나는 모습을 상상하며 저는 한참을 울먹거렸습니다.

나이 많아 병들 때까지 살아보지도 못한, 젊어서 잘 놀지도 못하고 너무 이른 나이에 떠나버린 이 두 천재 시인. 속아도 꿈결 속여도 꿈결 같은 이 세상 훌쩍 떠나서 부디 평안히 잘 있기를 기도해봅니다. 전통 지향과 근대 지향 그 끝까지 다다른 어른들이 만나 노니는 저 영변 약산 등대 덕분에 지금 우리 문화가 온 세상에 이토록 화사한 빛을 뿌리고 있는 것 아닐까요.

소월과 이상, 두 분 참 고맙습니다. 아울러 이 자리를 빌려, 대중서의 성격상 일일이 밝히지는 못하지만, 이토록 척박한 환경에서도 꿋꿋이 그리고 왕성하게 문학을 연구해온 국문학계의 선학과 동학들에게도 심심한 존경과 감사를 표합니다.